本书由江西财经大学博士科研启动资金资助

全球化背景下的
文化混搭
产品研究

聂春艳 著

知识产权出版社
全国百佳图书出版单位
——北京——

图书在版编目（CIP）数据

全球化背景下的文化混搭产品研究 / 聂春艳著. —北京：知识产权出版社，2021.5
ISBN 978-7-5130-7487-2

Ⅰ.①全… Ⅱ.①聂… Ⅲ.①文化产品-市场营销学-研究-中国 Ⅳ.①G124

中国版本图书馆CIP数据核字（2021）第062512号

内容提要

本书梳理了文化混搭研究领域的发展脉络，通过实验方法探讨了两种不同的解释策略对消费者文化混搭产品评价的影响，丰富了现有的文化混搭研究及全球化文化影响研究，同时，为企业文化混搭产品的营销实践提供了指导与借鉴。

责任编辑：高　源　　　　　　　　　　责任印制：孙婷婷

全球化背景下的文化混搭产品研究
QUANQIUHUA BEIJING XIA DE WENHUA HUNDA CHANPIN YANJIU
聂春艳　著

出版发行：知识产权出版社 有限责任公司	网　　址：http://www.ipph.cn
电　　话：010-82004826	http://www.laichushu.com
社　　址：北京市海淀区气象路50号院	邮　　编：100081
责编电话：010-82000860转8701	责编邮箱：laichushu@cnipr.com
发行电话：010-82000860转8101	发行传真：010-82000893
印　　刷：北京中献拓方科技发展有限公司	经　　销：各大网上书店、新华书店及相关专业书店
开　　本：787mm×1092mm　1/32	印　　张：5.875
版　　次：2021年5月第1版	印　　次：2021年5月第1次印刷
字　　数：150千字	定　　价：58.00元

ISBN 978-7-5130-7487-2

出版权专有　侵权必究
如有印装质量问题，本社负责调换。

目　录

导　论 ··· 1

第一章　文化研究范式的演变 ·· 13
 第一节　文化的定义 ·· 13
 第二节　文化研究范式的演变 ·· 14

第二章　国内外文化混搭研究综述 ····································· 19
 第一节　文化混搭的定义 ·· 19
 第二节　文化混搭对人们心理及行为的影响 ····················· 22
 第三节　人们对文化混搭的反应类型 ······························ 31
 第四节　人们对文化混搭的反应的心理机制 ····················· 35
 第五节　人们对文化混搭反应的调节因素 ························ 43
 第六节　前人研究中的不足 ·· 72

第三章　文化混搭反应的理论基础 ····································· 75
 第一节　框架理论 ··· 75
 第二节　恐惧管理理论 ··· 81
 第三节　社会认同理论 ··· 83

第四章　研究模型与假设演绎 ··· 87
 第一节　研究模型的提出 ·· 87
 第二节　研究假设的推导 ·· 88

第五章　企业解释策略对文化混搭产品评价影响的实证研究……97
第一节　企业解释策略对文化混搭产品评价的主效应………97
第二节　感知文化入侵的中介效应………………………103
第三节　消费者比较焦点的调节效应……………………111
第四节　消费者文化会聚主义信念的调节效应…………122

第六章　结论与展望……………………………………………133
第一节　研究结论…………………………………………133
第二节　研究创新与贡献…………………………………137
第三节　研究局限与未来展望……………………………144

参考文献…………………………………………………………147
附　录……………………………………………………………171

导　论

一、研究背景与意义

(一)现实背景

随着全球化的发展,人们不仅体验到了时间上的压缩感,还感受到了空间上的压缩感,感觉世界各地之间的距离似乎在突然之间缩短了(Giddens,1985)。在这个全球化的时代,可以毫不夸张地说,我们即便不出国门,也可以享受到来自世界各地的产品或者服务,即便足不出户也能体验到世界各国不同的风俗、传统和文化。而随着世界各地之间文化的相互传播、交流与互动,不同文化的独特魅力也开始在这个时代大放异彩,引起了全世界人民的关注、兴趣和喜爱。今天,我们常常能在一国市场中看到许多不同国家的产品或品牌,而为了突出该产品或品牌的来源国,或为了突出某国产品或品牌与其他国家的产品或品牌的差异性,以更好地获得消费者的青睐,有些跨国企业往往会选择在产品或品牌上使用一些母国文化元素。而与此同时,为了博得东道国消费者的好感与喜爱,越来越多的跨国企业往往会在产品或品牌上有选择性地融合使用一些东道国文化元素。这常常导致来自不同国家的文化元素同时出现在同一个产品上,这就是文化混搭产品(Chiu et al.,2011;Li et al.,2013)。例如,星巴克推出的星式月饼、星冰粽、哈根达斯推出的冰皮月饼,以及麦当劳推出的米饭汉堡等。

企业在产品或品牌设计过程中运用外国文化元素,可能会让消费者觉得新鲜、特别,进而提高他们对产品或品牌的评价(Swoboda et al.,2012;孟繁怡,傅慧芬,2016),而运用东道国的文化元素,则可能会提升消费者对其的认同感,进而提高他们对产品或品牌的评价(Wu,2011;何佳讯等,2014)。但将这两种来自不同文化的元素进行混搭使用时,消费者会如何评价这样的产品呢?上文提到的各大全球品牌在中国市场推出的特别新品,由于全球品牌往往代表着其来源国的文化(He & Wang,2017;郭晓凌等,2019),因此,当这些全球品牌在产品或品牌设计当中应用当地文化元素时,它们就成为一种文化混搭产品,这种情况下消费者对其又是一种什么样的态度呢?在现实生活中我们会发现,对于不同的文化混搭产品,人们有可能会表现出两种截然不同的反应。例如,有的文化混搭产品可能会让人们感到新奇、有创意,如北京烤鸭披萨、必胜客的铜钱披萨等,产品推出之后能够获得众多消费者的喜爱。而有的文化混搭产品则会让人们觉得外国文化侵犯了其母国文化,从而反感甚至强烈抵制。

然而,更有趣的是,就算面对同一文化混搭产品,人们之间的反应有时也可能存在着巨大的差异。例如,当年《功夫熊猫》在中国热映之时,就曾引发中国消费者的热烈讨论与争议。对于中国功夫、熊猫与美国个人英雄主义价值观的混搭,有些消费者给出了很高的评价,觉得影片将中美文化元素进行了极富艺术性的完美结合,很有创意;但另外一些消费者却刚好相反,表现出负面的态度与评价,觉得这不过是借着中国元素来宣扬美国的价值观,以实现美国文化对外扩张这一目的(Cui et al.,2016)。为什么面对同一文化混搭产品时,人们会产生截然不同的两种评价？究竟哪些因素会影响消费者对文化混搭产品的评价？更重要的是，企业又该如何做才能够尽可能地削弱甚至是避免消费者对文化混搭产品产生负面反应，并提高他们对文化混搭产品的正面评价呢？这对于处在当今这个全球化时代下的企业来说至关重要，尤其是跨国企业。因此，这些就成了本书研究的一个重要的现实出发点。

(二)理论背景

随着全球化的发展，各种文化混搭现象层出不穷，而人们对此的反应也是不尽相同，这引发了不少学者的注意和兴趣。他们开始积极投入"文化混搭"这一新兴的研究领域，得出了不少重要的研究结论。现有研究已经指出，来自两种或两种以上文化的元素同时在同一空间呈现会促进文化的类别认知，引发消费者对不同文化之间的差异性的关注，进而增强不同文化之间的感知差异性和不兼容性(Chiu et al., 2009; Li et al., 2013)。这种感知再加上情境诱发的文化抗辩心态，即担心母国文化的完整性和生命力受到外国文化的威胁或入侵，会引发消费者对文化混搭产品的排斥性反应；而当个体将不同文化看作相辅相成的智力资源时，则会引发他们对文化混搭产品的融合性反应(吴莹等, 2014; Torelli et al., 2011)。这就解释了为什么有些文化混搭产品会受到消费者的欢迎和喜欢，而有些文化混搭产品却会引起消费者的负面评价、反感甚至是强烈抵制。

之后，学者们又花费了大量的时间和精力去探讨哪些因素会影响消费者对文化混搭产品的排斥性或融合性反应。现有研究已经发现，文化混搭的自身特征如内群体文化卷入与否(Cheng et al., 2011;

Cheon et al.,2016)、文化元素之间的混搭程度(Yang et al.,2016;Cheon et al.,2016)、文化象征水平(Yang,2011;彭璐珞,2013)及文化影响方向(Cheng,2010;Cui et al.,2016)等会显著影响消费者对文化混搭产品的反应。此外,消费者的文化认同(Morris et al.,2011;Shi et al.,2016)、认知性需求(Torelli et al.,2011;Keersmaecker et al.,2016)及死亡忧虑(Torelli et al.,2011)等个体因素也会导致消费者对文化混搭产品产生明显不同的评价。然而,多数研究对于究竟是什么因素决定了人们对文化混搭产品产生排斥性反应还是融合性反应却没有定论。而本书认为,对于涉及内群体文化的文化混搭产品,消费者对其究竟持何态度主要取决于他们如何看待混搭的外国文化元素与母国文化元素之间的关系。另外,现有研究都是从文化的角度及消费者的角度进行切入,较少基于企业的视角去探讨不同的营销传播方式如何影响消费者对文化混搭产品的反应。消费者对产品的评价不仅会受到产品自身因素和消费者自身因素的影响,还会受到企业的营销传播因素的影响(Homer & Yoon,1992)。而在产品或品牌的营销传播过程中,"框架"是一个重要的概念。先前的研究已经表明,产品信息表述方式的差异会导致消费者对同一产品的评价产生明显的偏差(Chang,2008)。因此,本书提出,在文化混搭产品的营销推广过程中,当企业从不同的角度来表述混搭的外国文化元素与母国文化元素之间的关系时,消费者对该文化混搭产品的评价可能会产生明显的差异。

综上所述,本书拟通过对前人研究的整理、概括与总结,详细梳理出文化混搭研究领域相对完整的发展脉络,并在此基础上,从企业营销传播的视角,基于框架理论,探讨在文化混搭产品的营销推广过程中,当企业从不同的角度来表述混搭的外国文化元素与母国文化元素之间的关系时,消费者对该文化混搭产品的评价是否会存在及会存在怎样的差异。具体来说,本书根据混合产品的相关研究,提出企业可以采用两种不同的解释策略来表述文化混搭产品当中涉及的外国文化元素与母国文化元素之间的关系,即属性解释策略和关系解释策略,并通过实验方法探讨了这两种不同的解释策略对消费者的文化混搭产品评价的影响,进而深入剖析了其中间作用机制及可能存在的两个调节变量。这不仅丰富了现有的文化混搭研究与全球化的文化影响研究,也为企业的文化混搭产品的营销实践及中国品牌国际化过程中的中国文化元素应用提供了重要的指导与借鉴。

(三)研究内容

本书分别从现实背景和理论背景着手,剖析了研究出发点,同时也明晰了研究目的,即从企业的营销传播视角出发,探究在文化混搭产品的营销传播过程中,企业的不同文化混搭解释策略的采用对消费者的文化混搭产品评价的影响,并深入探讨了其中间作用机制及可能存在的边界条件。具体而言,本书主要包括以下三个研究内容。

研究内容一:企业的不同文化混搭解释策略的采用对消费者的文化混搭产品评价的影响及其中间作用机制。

混合产品相关的研究指出,混合产品涉及不同产品类别的突出特征或属性,而对于这些不同产品类别之间的关系,一般可以采用两种不同的解释策略来对其进行表述,一是属性解释策略,二是关系解释策略(Wisniewski & Love, 1998)。其中,属性解释策略强调的是一个产品类别的属性映射到了另一种产品类别之上,因此,更可能引发消费者产生一种产品类别属性改变了另一种产品类别的感知;而关系解释策略主要强调的是两种不同的产品类别之间可能存在着的某种主题关系,因此,不太可能引发消费者产生一种产品类别改变了另一种产品类别的感知(Rajagopal & Burnkrant,2009)。而文化混搭产品作为一种特殊的混合产品,其同时包含了来自不同文化的元素,对于这些不同文化元素之间的关系,也可以采用上述两种不同的解释策略来表述。因此,本书的第一项研究任务就是,检验对于同一文化混搭产品来说,当采用上述两种不同的文化混搭解释策略来解释混搭的母国文化元素与外国文化元素之间的关系时,消费者对该文化混搭产品的评价是否存在及将会存在怎样的差异?其中间的作用机制是什么?

研究内容二:消费者的比较焦点及企业的不同文化混搭解释策略对消费者的文化混搭产品评价影响的调节作用。

营销学的先前研究已经表明,只有当一种产品被感知为拥有与它所属的产品类别明显不同的属性时,才会被子类别化,即会让消费者产生这一独特属性改变了这种产品的感知(Sujan & Bettman,1989)。这意味着,当采用属性解释策略来解释文化混搭产品当中混搭的母国文化元素与外国文化元素之间的关系,且当消费者感知到混搭的两种文化元素之间存在显著差异时,才会产生一种文化元素改变了另一种文化元素的感知;而当消费者感知到两种文化元素之间的相似性时,则较不可能产生一种文化元素改变了另一种文化元素的感知。但当采用关系解释策略进行解释时,因为其主要强调的是混搭的两种文化元素之间存在的某种主题关系,因此,不论消费者是聚焦在混搭的两种文化元素之间的相似性上还是差异性上,都较不可能产生一种文化元素改变了另一种文化元素的感知。而消费者比较焦点(差异性聚焦 vs. 相似性聚焦)能够促使个体更多地去关注不同文化之间的差异性或相似性,进而增强混搭的不同文化元素之间的感知差异性或相似性(Peng & Xie, 2016)。因此,本书的第二项研究任务就是检验当启动消费者的不同比较焦点(差异性聚焦 vs. 相似性聚焦)时,企业的不同文化混搭解释策略对消费者的文化混搭产品评价会产生怎样的影响。

研究内容三:消费者的文化会聚主义信念对企业的不同文化混搭解释策略之于消费者的文化混搭产品评价影响的调节作用。

根据现有研究可知,当采用属性解释策略来解释混搭的不同文化元素之间的关系时,因为强调的是一种文化元素具有了另一种文化元素的某些属性或特征,因此很可能会引发消费者产生一种文化改变了另一种文化的感知;而当采用关系解释策略进行解释时,因为只是强调混搭的不同文化元素之间存在某种主题关系,因而较不可能引发一种文化改变了另一种文化的感知(Rajagopal & Burnkrant, 2009)。而对于感知到的这种"改变",消费者是将它看作一种文化对另一种文化的威胁或侵蚀,还是将它看作不同文化之间的交流或学习,将会显著影响人们对文化混搭的反应(Torelli et al., 2011)。而文化会聚主义主要反映的就是个体将如何看待不同文化之间的相互作用或影响。以往的研究已经发现,持有高文化会聚主义信念的个体认为,不同文化之间本身就是相互作用、相互影响的,因此不太可能将感知到的一种文化对另一种文化的"改变"看作一种威胁或侵蚀,而更可能将其看作不同文化之间的交流或学习。因此,本书的第三项研究任务就是检验当个体持有不同水平的文化会聚主义信念时,企业的不同文化混搭解释策略对消费者的文化混搭产品评价会产生怎样的影响。

(四)研究意义

我们从之前的现实背景和理论背景的论述中可以很明显地看出,本书的研究不仅对相关的营销管理实践具有很大的启示和指导意义,对有关研究领域及相关理论也具有非常重要的贡献。

首先,本书的研究问题基于现实生活中发生的有趣现象提出。这就意味着,本书最后得出的研究结论可能会为相关企业提供很好的管理启示和实践指导。随着全球化的发展,文化混搭现象变得越来越普遍,但人们对它们的反应却各异。有的文化混搭会得到人们的喜欢和赞赏,但有的文化混搭却让人们反感甚至遭到强烈抵制。而且,就算是面对同一个文化混搭现象,人们有时也可能会表现出截然不同的两种反应。此时,企业迫切想要知道的就是为什么会出现这样的情况,更重要的是,又该如何做才会尽可能地避免或削弱消费者对文化混搭产品产生排斥性反应,并提高他们对文化混搭产品的接受程度。本书的研究可以为企业的文化混搭产品的营销推广提供重要的指导,即在涉及内群体文化的文化混搭产品的营销推广过程中,企业应注意混搭的外国文化元素与母国文化元素之间的关系,即应当采用关系解释策略或者属性解释策略,强调不同文化元素之间存在的某种主题关系,以尽可能地引导消费者从文化交流或学习的角度看待文化混搭产品,从而提高消费者们对文化混搭产品的评价。

其次,先前有关文化混搭的研究大多探讨的是消费者为什么会对有些文化混搭现象产生排斥性反应,而对另一些文化混搭现象却产生融合性反应,但对于消费者为什么会对同一文化混搭现象产生截然不同的反应却甚少进行探讨。更重要的是,这些研究主要是从文化的角度及消费者的角度切入,较少基于企业的视角去探讨企业的不同营销传播方式会如何影响消费者对文化混搭产品的反应。另外,现有研究也并未深入揭示出消费者对文化混搭产品表现出排斥性或融合性反应的深层机制。而本书的研究恰好弥补了以上三点不足:基于企业的视角探讨在文化混搭产品的营销推广过程中,企业不同的文化混搭解释策略对消费者的文化混搭产品评价的影响,并深入剖析其中间作用机制。另外,本书还引入了消费者比较焦点和文化会聚主义信念这两个调节变量,尝试为主效应找到可能存在的调节变量,以拓展最后得到的研究结论的普适性,进而丰富现有的文化混搭相关研究。更重要的是,本书还揭示了消费者对文化混搭产品是持排斥性反应还是融合性反应,可能主要取决于他们如何看待混搭的不同文化元素之间的关系。

二、研究思路与篇章架构

(一)研究思路

本书的研究思路如图0-1所示,主要包括六个阶段,具体如下所述。

第一阶段:我们在现实生活中发现,即使面对同一文化混搭产品,人们有时也可能表现出截然不同的两种反应。其中的原因是什么?更重要的是,企业又该如何做才能尽可能地提高人们对文化混搭产品的评价呢?这是本书非常重要的现实出发点。

第二阶段:带着现实中的问题,我们对现有的文化研究、混合产品研究及文化混搭研究文献进行了细致的回顾与梳理,然后在此基础上,结合现实中的问题更进一步地发掘出本书的研究空白点。

第三阶段:首先,在文献回顾发掘研究空白点的过程中,逐步确定了本书的自变量、因变量及中介变量;其次,根据主效应和理论基础确定了可能的调节变量;最后,得出本书的研究模型并提出了相关的研究假设。

第四阶段:基于本书的研究问题,采用实验方法来验证所提出的研究模型与假设。然后,根据实验方法的步骤与流程,在前人相关研究基础上进行实验设计,确定实验被试、刺激物及变量的操控与测量方法,最后再进行数据的收集。

第五阶段:汇总并整理最终回收回来的实验数据,然后采用SPSS 20及Process213等统计分析软件对数据进行具体的分析,以验证本书提出的研究假设是否成立。

第六阶段:在简要回顾本书中所有的实验研究的基础上,概括与总结本书最后得出的研究结论,并结合先前的研究与相关理论对研究结论进行详细的分析与讨论。

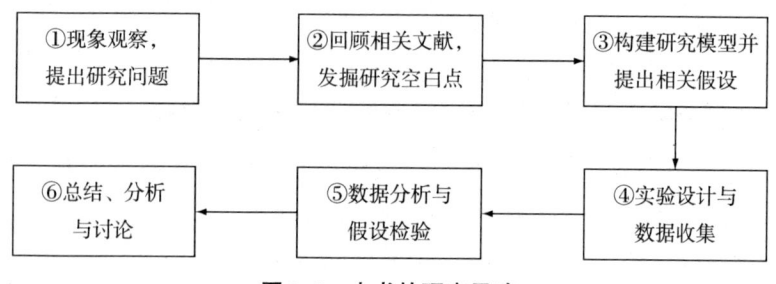

图0-1 本书的研究思路

(二)篇章架构

导论。该部分先后从现实和理论着手,详细阐述了本书的研究背景,并据此提出了本书的研究问题,概括出了本书的三个主要研究内容,之后对本书可能具有的理论贡献和意义进行了剖析,最后对本书的研究思路和结构进行了简要介绍。

第一章,文化研究范式的演变。该部分主要对文化研究的发展脉络进行了详细的梳理,对跨文化心理学、文化心理学、多元文化心理学和文化会聚主义心理学四种主要的文化研究范式进行了较为深入的对比分析。

第二章,国内外文化混搭研究综述。该部分对以往的文化混搭相关研究进行了详细的回顾与分析,包括文化混搭的定义、文化混搭对人们的心理及行为的影响,以及人们对文化混搭的反应及其心理机制和调节变量,然后在文献回顾的基础上指出了现有研究中的不足之处,进而提出了本书的研究问题。

第三章,文化混搭反应的理论基础。该部分对本书涉及的相关理论基础进行了系统的回顾与总结,为后续研究框架的构建打下基础,包括框架理论、恐惧管理理论及社会认同理论。

第四章,研究模型与假设演绎。该部分根据本书的研究问题,结合理论基础与文献回顾,提出了本书的具体研究模型,并进行了详细的研究假设的推导与演绎,最后一共演绎出了八个研究假设。

第五章,企业解释策略对文化混搭产品评价影响的实证研究。该部分总共进行了四个实验研究,分别对研究主效应、中介效应及两个调节效应进行了实证检验。在每个实验研究当中,先简要介绍研

11

究目的,然后介绍实验设计和被试情况,接着详细介绍具体的实验步骤、刺激物的选择,以及变量的测量和操控等,再分析实验数据,包括信度分析、操控检查和假设检验等,最后得出结论,并对有关结论和问题进行讨论。

  第六章,结论与展望。该部分首先对四个研究进行了简单的回顾;其次,概括和归纳研究结论,在此基础上提出本书所具有的研究创新点;再次,详细阐述了得出的研究结论对相关理论与研究的贡献,以及对相关管理实践可能具有的启示意义;最后,仔细分析了可能存在的不足与局限之处,并在此基础上提出未来可供研究的方向。

第一章 文化研究范式的演变

第一节 文化的定义

在20世纪五六十年代以前,心理学家们都是从人的内部来探讨心理的决定因素,完全忽视了社会文化因素对人的心理和行为的影响(叶浩生,2004)。文化在心理学中完全是一个边缘性主题,直到20世纪后半期开始,心理学家们才开始重视起社会文化因素对人的心理和行为的影响,文化也由此开始进入了主流的心理学研究领域当中。直至现在,文化已经被公认为社会认知、动机和行为的一个主要决定因素(Lehman et al., 2004)。

那么,究竟什么是文化,文化的定义又是什么呢?在学术界,不同领域的研究者们都对文化进行过定义,但到目前为止也没有一个定义能够得到广泛的认可。在心理学中,也有不少学者对文化进行过界定。例如,霍天斯泰德(Hofstede, 1984)将文化定义为"思维的集体程序,能够将一个群体或社会中的成员与另一个群体或社会中的成员区别开来"。还有学者把文化定义为一系列松散组织的理念和实践,被一群相互依赖的个体共享,并为了在集体生活中协调个体的目标追求而在代与代之间进行传播(Leung et al., 2010)。莫里斯等(Morris et al., 2015)则认为文化是能够促使种群内的行为协调的理念、实践和社会制度的一个松散集成系统。从以上可以看出,虽然不同学者的定义并不完全一致,但基本上都提到了文化的两个界定特征：一是共享性，即在一定时空内，被一群相互依赖的个体共享，这给予了文化共识效度；二是连续性，即在一定时空内会在代与代之间进行传播，这又给予了文化稳定性。文化有别于家庭传统，后者虽然有长久的历史，但只被一小撮人共享，并不是被所有人广泛共享；它也与时尚不同，后者虽然被人们所广泛共享，但往往都是短暂性的东西，并不会在代与代之间进行世代传播。

第二节 文化研究范式的演变

在心理学研究中，自从学者们开始重视文化因素的影响之后，文化研究先后主要经历了跨文化心理学、文化心理学、多元文化心理学和文化会聚主义心理学四种主要的研究范式。

跨文化心理学的出现受到了文化人类学的深远影响。心理学通过与文化人类学的学科间交流，不仅引进了该学科当中诸如文化等概念，更重要的是认识到了不同文化环境下人们的心理存在很大差异，于是开始广泛借鉴和采用跨文化比较等具有明显的文化人类学特点的研究方法到心理学研究当中。跨文化心理学主要研究的是不同群体（国家）甚至是更广阔的区域（如东方和西方）之间的文化差异。例如，研究发现东方人和西方人在社会判断中存在明显的不同，西方人（如意大利人）在描述一个人时倾向于使用去情境化的形容词（如"某人是个很努力的人"），而东方人（如日本人）则喜欢使用情境化的动词短语（如"某人在学校学习很努力"）(Maass et al., 2006)。在对激励的反应上，东方人和西方人也不同，日本学生在接收到失败反馈后，会在后续的任务中坚持更长的时间；但加拿大学生在接收到成功反馈后，在后续的任务中坚持更长的时间(Heine et al., 2001)。截至目前,关于东西方的文化差异已经按照诸如个人主义体系和集体主义体系、男权主义和女权主义、独立自我建构和互依自我建构、分析式思维和全局性思维等因素来进行解释。而文化心理学是从特定的社会文化背景下的实际社会、心理问题出发,探讨了文化对人的心理和行为的影响,以及文化与心理二者之间的关系。文化心理学认为,人的一切心理与行为的界定都不能脱离文化进行,文化会影响人的心理与行为;反过来,人的心理与行为也会影响文化,文化与心理之间相互作用,是一种相互建构、互为因果的关系(杨莉萍,2003;李炳全,2006)。学者们由此还开展了大量的本土化研究,以寻求理论的文化敏感性。

从以上论述中可以看出:跨文化心理学和文化心理学首先都把文化看作群体的一种内在特质,主张不同文化之间存在本质差异,夸大了不同文化之间的差异性,忽视了文化内部的异质性;其次,两者都把文化看作独立和静态的,且人们是无意识地接受并内化内群体的所有文化;最后,两者只关注文化之间的差异和对单一文化内部的解析,却忽略了文化之间可能出现的交集,尤其是在全球化的背景下,不同文化常常会在同一时空中出现。由此,便促使了多元文化心理学的兴起,它通过采用一种动态的建构主义的方法对跨文化心理学和文化心理学进行了补充。动态的建构主义认为,文化对认知的影响是基于概念激活理论和学习理论,它强调启动和强化的作用,以及认知和社会动机的调节作用(Weber & Morris,2010;侯玉波、张梦,2012)。因为通过参与一种文化实践,人们会发展出一种文化认知表征。所谓的表征由一个与不同的知识项连接的核心概念组成。当表征的核心概念被激活时,它的关联知识项也会被激活(Chiu & Hong,

2006)。而一旦一种文化表征被激活,它会影响随后的信息加工策略(Sui et al., 2007)、推理活动(Hong et al., 2003)和交互风格等(Wong & Hong, 2005)。因此,多元文化心理学认为文化是一种可以习得的知识系统,并且还可以通过启动外部线索来进行激活。该领域的研究主要关注的是,在全球化的背景下,拥有多元文化经验的个体如何在不同的文化框架之间进行动态转换(杨晓莉等,2010;Hong, 2010)。

虽然多元文化心理学已经开始关注到两种及两种以上的文化共存的现象,也注意到文化对个体心理影响的动态性和情境特异性的特征,然而,它与前述的跨文化心理学和文化心理学一样,还是把文化看作一种分类的、独立的变量。其中,"分类的"即指文化是由共享的、与众不同的特性所定义的有界限的群组,而"独立的"则是指社会自成一格地发展出它们自身的规范,而不是通过接触和交流(Morris et al., 2015)。换句话说,认为世界上的文化传统都是各自区隔和独立的,不同文化都具有一个独立的起源和发展历程,并在历史的长河中一直保持着一种相对的稳定性,而某一群体中的个体也都是由一种主流文化塑造的。然而,大量的实践证据表明,不同社会成员会表现出既有文化模式的不同方面。这也支持了奥尔波特(Allport, 1961)的观点,即成员会从社会的文化清单上选择他们的价值观、信念和习惯等。这也就是说,处于某一文化的个体,很少会对该文化系统中的所有要素都通盘接受。个体对其主流文化的参与都是部分的、局部的,而文化对个体的印迹或者影响也相应是部分的、局部的。另外,从众多的历史事实中也可以看出,即便是最核心和最著名的国家文化要素也往往不是土生土长的。文化是通过将自身与外国区分开来的防御性努力,以及借用和改编外国的同化行动塑造的。由此,莫里斯等提出了文化会聚主义心理学,认为个体与文化之间的关系是部分的、局部的、多元的和叠加的,个体参与并受到不止一种文化的塑造,也即个体不仅会受到自身文化的影响,还会受到其他文化的影响;文化也并非从诞生的时候开始就保持一成不变,而是会随着时间的推移进行持续的演变;文化也并不是孤立存在的,彼此之间会相互影响。因此,没有哪一种文化是完全土生土长的,所有文化本质上都是多种文化互动、作用和融合的产物(邹智敏、江叶诗,2015)。

有别于多元文化心理学聚焦于多元文化个体如何在不同的文化框架之间进行转换,因为在这种情况下个体不可能同时经历不同的文化,而文化会聚主义心理学承认不同文化传统的并存,以及不同文化元素重新组合以产生混搭文化的可能性,从而使"文化混搭"成为该文化研究范式下的一个重要主题。

第二章 国内外文化混搭研究综述

第一节 文化混搭的定义

在研究文化混搭之前,我们必须要弄清楚什么是文化混搭,即文化混搭的定义是什么。那么,第一步我们就应该先分别弄清楚"文化"和"混搭"这两个概念的定义。首先,关于"文化"的定义,我们在前文已经进行过阐述。学术界对"文化"的定义很多,到目前为止也未达成一致的意见。在心理学中,也有不少学者对"文化"进行过界定,而我们采用的是以下定义,即把文化定义为一系列松散组织的理念和实践,被一群相互依赖的个体共享,并为了在集体生活中协调个体的目标追求而在代与代之间进行传播(Leung et al.,2010)。从此定义可以看出,文化具有两个明显的界定特征,一是共享性(sharedness),二是连续性(continuity)。因此,文化不仅可以体现为国家文化、民族文化,还可以体现为宗教文化、商业文化,甚至是学科文化(彭璐珞等,2017)。

而"混搭"一词,最早来源于时尚界,是从时尚界的专门术语 Mix & Match 翻译过来的。Mix 是"混合"的意思,而 Match 意为"使匹配、使相配",两者组合在一起就被翻译成"混搭",意为混合搭配,指的是将不同地域、不同文化、不同风格、不同材质等的东西拼凑在一起,从而搭配出极具个性化的风格。从中可以看出,一是"混搭"强调将不同的东西放在一起;二是"混搭"的形式可以是多种多样的,并未对具体的形式做出限定;三是"混搭"有使混合的东西互相配合、彼此相配的意思。

由此,有学者把"文化混搭"定义为来自不同文化的象征或符号同时在相同空间并存(Chiu et al.,2011)。关于该定义,有三个要点需要特别注意。一是定义中所说的"不同文化的象征或符号",根据上文中的文化的定义可知,文化不仅可以体现为国家文化、民族文化,还可以体现为宗教文化、商业文化甚至是学科文化(彭璐珞等,2017)。因此,这个"不同文化的象征或符号的混搭"不仅指的是不同国家的文化混搭,还包括更广阔的不同地域的文化混搭,以及更为狭窄的不同民族的文化混搭、不同宗教的文化混搭和不同学科的文化混搭,等等。另外,它还可以指不同时期的文化混搭,如古代文化和现代文化的混搭。二是这种文化混搭是一种外在的、可见的环境现象,而不是个体内在的一种心理体验(彭璐珞等,2017)。这就意味着,多元文化心理学研究的具有多元文化经验的个体并不属于文化混搭的研究范畴。虽然具有"多元文化经验"的个体,也涉及不同文化在同一个体内部的存在,从某种意义上也可以说是一种"文化混搭",但研究者们一般不把它划入"文化混搭"的范畴。三是不同文化的象征或符号在同一时空并存,这意味着,只要不同文化在同一时间同一空间出现,都属于文化混搭。所以,不管不同文化之间是并列共现,还是互相交叉,或是完全重叠,抑或是彼此融合,它们都属于文化混搭。

因此,文化混搭具有多种多样的表现形式。根据两种或更多文化象征或符号之间的物理位置和交互特点,文化混搭可以呈现五种不同的形式:第一种是并列,即两个单独的文化象征或符号的并排展示,二者之间隔着一定距离,并无交集;第二种是交集,即两种文化象征或符号越来越接近,但仅仅只是展现出边界的接触;第三种是部分重叠,即两种文化象征或符号之间具有某些共同领域;第四种是叠加,即一种文化象征或符号完全覆盖在另一种文化象征或符号之上;第五种是融合,它是最为浸入的文化混搭形式,不同的文化元素占据着相同的空间,甚至形成一种新的实体(Hao et al.,2016)。而彭璐珞和赵娜(2015)则按照文化互动中的双方关系及对不同文化元素的折中方式对文化混搭进行了更为细致的划分,最后一共归纳出了九种不同的文化混搭形式:一是融通,指寻找不同文化之间的普遍性共识,而不论它们之间的差异;二是附会,指寻找不同文化之间的相似性,以一种文化来诠释和理解另一种文化;三是分理,指的是不同文化在不同时间和空间中各司其职,个体在其间自由切换,类似于文化框架的转换;四是并置,即不同文化在同一时空并存,但彼此之间存在距离间隔,互不干涉;五是统摄,即以一种文化为主,另一种文化为辅,主文化统摄辅文化,辅文化点缀主文化;六是移接,指的是一种文化中的某成分与另一种文化中的某成分相结合后形成一个新的整体;七是转化,即对一种文化中的某些元素进行创造性转化后与另一种文化相融合;八是叠合,即指不同文化同时并存且彼此之间相互作用,在动态变化过程中构成一个有机整体,但不同文化仍保留其独立性;九是协同,指的是不同文化进行融合后形成一种新的文化,而在新的文化中,不同文化失去了其独立性。

  从以上论述中可以看出,无论是哪一种文化混搭的划分方式,其背后所反映的划分依据都是相同的:一是看混搭的不同文化元素之间是否有实体上的接触;二是看不同文化元素在混搭之时是否保持了各自的相对独立性与完整性。

第二节 文化混搭对人们心理及行为的影响

以往的"文化启动"研究,关注的都是单一文化启动对人们的心理及行为的影响,而文化混搭涉及来自两种或两种以上文化的同时启动,其又如何影响人们的心理及行为呢?以往研究对此也进行了较为丰富的探讨,结果发现,文化混搭会影响人们的文化认知、认知闭合需求、群际偏见、创造性表现及对组织变革的接受程度。

一、文化混搭对文化认知的影响

当人们在同一时空遭遇两种不同的文化时,会促使他们使用文化概念作为一种组织他们的注意、感知和其他认知过程的图式,这会导致他们的注意力被吸引到两种文化之间的差异性上,进而扩大不同文化之间的感知差异性和不兼容性,并增强不同文化的典型性刻板印象等,这种现象被称为"二元文化启动效应"(Chiu et al., 2009)。研究者进行了两个实验来验证二元文化启动效应。其中,实验一以北京某大学的学生为被试,所有被试都会看到两个广告,在单一展示的情况下,被试看到的是并列展示的两个麦当劳汉堡的广告,在并列联合展示的情况下,被试看到的则是并排放置的一个麦当劳汉堡广告和一个中国月饼广告,而在融合联合展示的情况下,被试看到的是一个中国书法的麦当劳广告和一个星巴克月饼广告。紧接着,被试会看到两个天美时手表的商业广告信息,一个广告诉求的是个人主义价值观,另一个诉求的则是集体主义价值观,然后告诉被试一个广告专业的中国学生在为天美时设计一个中国网站,让被试评价这个中国学生采用上述两则信息的可能性。艾克和施密特(Aaker &

Schmitt,2001)研究发现,在个人主义文化中,个人主义信息比集体主义信息更受欢迎;但在集体主义文化中,集体主义信息则比个人主义信息更受欢迎。而有研究指出,中国人比美国人更偏集体主义(Zou et al.,2008)。这意味着,在二元文化启动效应下,这种文化典型刻板印象将会被强化。而最后的结果也验证了这个假设:相比单一展示(即单文化启动)情况下的被试,在并列联合展示(二元文化启动)和融合联合展示(二元文化启动)情况下的被试更可能认为那个中国学生会采用集体主义信息。实验二以美国中西部某大学的学生为被试,在单一展示情况下,被试看到的是一个白人男性模特代言的耐克运动鞋的广告;而在联合展示情况下,被试看到的是同样一个耐克运动鞋的广告与一群穿着、发型和面部表情都相似的年轻中国男性代言的中国运动鞋品牌的广告并列放置。最后的研究结果发现,相比单一展示(单文化启动)情况下的被试,联合展示(二元文化启动)情况下的被试更可能认为其他美国人会进行特质性归因和采用分析式思维,并且感知中国文化和美国文化之间的差异更大,以及感知两种文化之间的边界将更加难以相互渗透。托雷利等(Torelli et al.,2011)也得出了相似的研究结论,他们通过在一种商品中同时嵌入两种不同文化的象征(如标志性的美国产品但使用中国品牌名称)来进行二元文化启动。最后的研究结果表明,相比被曝光于只嵌入了一种文化象征的商品面前,当被曝光于嵌入了两种不同文化象征的商品面前时,会增强被试将文化典型性特征归于相对应的文化群体的倾向,并增强两种文化之间的感知不兼容性。与此同时,它还会扩大两种不相似文化之间的感知文化距离。彭璐珞和谢天(2016)也得出了相同的研究结论,认为在二元文化曝光之后,聚焦于文化之间的差异会增强内群体的文化刻板印象,并增强文化之间的感知差异性。此外,研究者还提出,二元文化启动效应的发生必须要满足三个条件:一是两种文化元素必须同时并列展示,而不能是顺序展示;二是两种文化元素必须被感知为各自文化的象征或代表;三是两种文化元素必须是被感知为不相似的。

二元文化启动效应不仅在实验室研究中得到了验证,在现实生活中也得到了有力的证明。例如,有研究在对北京和成都的城市和农村居民的调查中发现,城市居民比农村居民更倾向于认为中国人具有中国的道德价值观,而不是其他价值观类型,西方人具有西方的道德价值观,而非其他的价值观类型。此外,城市居民比农村居民也更可能注意到文化之间的差异。这是因为相比于农村居民,城市居民更频繁地曝光在多元文化环境当中(Chen & Chiu, 2010)。而另有研究在2008年北京奥运会开始之前的一个月和结束之后的第三个月,分别测量了被试对五个中国价值观(服从、谦逊、集体主义、责任和和谐)和五个西方价值观(自信、独特、个人主义、自主和自由)的评价,即让他们评价每个价值观是中国文化特征或西方文化特征的程度。研究结果发现,在奥运会结束之后,人们对中国价值观和中国文化及西方价值观与西方文化之间的感知关联性要显著强于在奥运会开始之前。这表明,奥运会扩大了人们对不同的文化价值观之间的感知差异性。此外,研究还发现,相比奥运会之前,奥运会之后人们对内群体的偏好也明显增强。研究者认为,这是由于在奥运会的进行过程中,人们被频繁地同时曝光于中国文化和西方文化面前,进而导致他们对中国文化和西方文化之间的感知差异性增大(Cheng et al., 2011)。

综上所述,二元文化启动效应意为,同时曝光于两种不同的文化面前时,会促使人们使用文化作为一种组织认知的图式,并会引发一种知觉对比效应,将人们的注意力吸引到两种文化之间的差异性上,进而扩大两种文化之间的感知差异性,并增强人们的文化典型性刻板印象。

二、文化混搭对认知闭合需求的影响

认知闭合需求是一种要求清晰的分类和坚定的决定,而不是持续的不确定性或模糊性的认知动机(Kruglanski,1989)。现有研究指出,文化混搭会影响人们的认知闭合需求水平。其中,一种观点认为文化混搭会降低人们的认知闭合需求,另一种观点却认为文化混搭会提高人们的认知闭合需求。

有研究指出,二元文化启动会降低人们的认知闭合需求。曝光于两种文化面前可以让人们的认知"解冻",即不再依靠现有的知觉图式来指导对环境的解释和反应,而是去寻找新的知识,生成和检验新的假设,以及深度加工特定情况的信息,从而降低人们的认知闭合需求(Tadmor et al.,2012)。但是,莫里斯等(2011)却认为,消费者对流入的外国文化的认同会调节文化混搭对认知闭合需求的影响。其以香港某大学的学生为被试,通过语言加视觉图片的方式来进行文化混搭操控,即将两种语言(英语 vs. 中文)的问卷和三种视觉图片(西方风景 vs. 中国风景 vs. 非文化风景)进行组合。研究结果发现,曝光于母国文化和外国文化的混搭情境会提高那些低外国文化认同者的认知闭合需求,但对于高外国文化认同者,单一文化启动和文化混搭启动情况下消费者的认知闭合需求并不存在明显差异。

可以看出,学者们都认为文化混搭会影响人们的认知闭合需求,但具体会怎么影响及有哪些调节因素,还需要后续研究的探讨。

三、文化混搭对群际偏见的影响

研究发现,同时曝光于不同的文化面前能够改善人们的群际偏见(Tadmor et al.,2012)。实验以美国白人和以色列人为被试,通过让被试观看多媒体幻灯片来进行文化启动。其中,在中国文化启动的情况下,幻灯片展示的是描述中国文化的各个方面的图片;在美国文化启动的情况下,展示的则是描述美国文化的各个方面的图片;而在二元文化启动的情况下,将描述中国文化和美国文化的各个方面的图片同时进行展示。然后,研究者通过五个实验研究,分别测量了被试对非裔美国人、出生在以色列的犹太人的刻板印象认可程度,以及对非裔美国人的象征性种族主义和歧视性雇佣决策。研究结果表明,相比单一文化启动,二元文化启动能够降低被试的刻板印象认可程度、象征性种族主义和歧视性雇佣决策。研究者认为,这是因为在熟悉的环境中,人们会依靠现有的知觉图式来指导解释和反应,但当被曝光于不熟悉的环境(如新的文化世界)中时,现有的知觉图式便会失效,这种现有的知觉图式与现实之间的断层就会引发个体的认知不平衡和失调,而为了解决这种认知不平衡和失调,人们就有动机去重新检验现存的假设、找出附加信息并且修订他们的预期,这种认知上的"解冻"就能够降低他们的群际偏见。

而施媛媛等(2016)在研究中则检验了文化混搭对内隐群际态度的影响。研究者在文中指出,文化启动常常是自动发生的(Hong et al.,2000)。当人们以一种自动、自发的方式而不是通过更加深思熟虑的思考过程来处理信息时,文化对判断和行为的影响将会更强(Briley & Aaker,2006)。而内隐测验对自动处理敏感,但抵抗社会赞许性,所以应该更有助于评价入侵性文化混搭的负面影响。实验一以北京某大学的学生为被试,将他们随机分配到以下三种情境当中:一是入侵性文化混搭情境,被试看到的是一个麦当劳品牌标识叠加在一张中国长城的图片之上,旁边还有一句强调麦当劳代表了美国文化的广告语;二是非入侵性文化混搭情境,被试看到的是同样一张麦当劳品牌标识叠加在中国长城之上的图片,但旁边的广告语强调的则是麦当劳能给消费者带来的利益,即不涉及文化含义;三是无文化混搭情境。之后,使用内隐联想测验来测量被试对美国的内隐性态度。研究结果表明,相比非入侵性文化混搭情境和无文化混搭情境,当处于入侵性文化混搭情境下,被试对美国的内隐态度更加负面。然而,在三种情境下被试对美国的外显态度之间并不存在显著差异,但在实验二中又发现了入侵性文化混搭对外显态度的影响。研究者认为,这可能是由于在实验一中测量的是对美国的整体态度,而在实验二中测量的是对麦当劳品牌标识叠加在长城图片之上的具体态度。

从以上论述可以看出,施媛媛等得出的研究结论似乎与塔德莫等的研究结论相互矛盾:前者认为二元文化启动会增强人们的内隐群际偏见,但这种效应只存在于入侵性文化混搭(相比于非入侵性文化混搭)情况下;而后者认为二元文化启动能够降低人们的外显群际偏见。我们认为,这可能是因为,塔德莫等在研究中只是将两种文化元素并列呈现,一定程度上削弱了人们的文化入侵感知,而更重要的是,研究中让被试评价的并非是对与当地文化并列呈现的外国文化群体的态度,而施媛媛等进行的则是入侵性文化混搭研究,然后评价的还是对入侵当地文化的外国文化群体的态度,故而得出了不一致的结论。

四、文化混搭对创造力的影响

现有研究表明,文化混搭会扩大文化之间的感知差异性,而当个体将这些不同文化看作相辅相成的智力资源时,就会提高人们的创造力或创造性绩效(Torelli et al.,2011;吴莹等,2014)。研究指出,创造性思维一般涉及两种认知过程:一是生成过程,即积极检索或搜寻相关信息以生成具有不同创意潜力的候选创意;二是探索过程,即从这些候选创意中决定哪些应该进一步加工,如修改、精加工和完善(Leung et al.,2008)。其中,在生成过程中可以使用的一个有效策略是概念扩展,即将看似不相关概念的属性添加到一个现有概念上以拓展它的概念边界。研究者认为,文化混搭可以提高对不同信息的搜索能力,促进创造性的概念扩展和生成,进而有效促进创造性思维的第一种认知过程(即生成过程),最终提高个体的创造力。具体来说,文化混搭会通过提供直接访问来自不同文化的新颖想法和观念的路径,建立看到相同形式背后多种潜在功能的能力,破坏程序性的知识结构,以增强一般情况下难以达到的知识的可及性,建立从不熟悉的源头和地方借鉴和吸取想法的一种心理敏捷性,以及促进对来自不同文化看似矛盾的想法的合成来促进创造性。在这之后,他们进行了一系列的实证研究来验证文化混搭对创造力的影响。例如,有研究以欧裔美国大学生为被试,通过让他们观看一个45分钟的描述了一种或两种文化的不同方面的多媒体幻灯片来进行文化启动,总共分为4个文化启动组和1个控制组。其中,4个文化启动组分别为单一美国文化启动组、单一中国文化启动组、二元文化并列呈现组和二元文化融合呈现组(如麦当劳的米饭汉堡)。在这之后,让被试完成一个创造能力测验,在5~7天后又让他们来完成另一个不同的创造能力测验。研究结果发现,当曝光于美国文化和中国文化的并列呈现及美国文化和中国文化融合面前时,被试会有更好的创造性表现,而这种效应在最初曝光后的5~7天之后仍然能够观察到。紧接着,研究者又通过新的实验探讨了二元文化启动为什么能够提高个体的创造性表现。最后,实验结果指出,那是因为曝光于二元文化面前会促进个体的一些创造性支撑过程(即非常规想法的产生)并且提高他们对来源于外国文化的想法的接受能力,所以能够提高他们的创造性表现(Leung & Chiu,2010)。

之后,也有学者得出了相似的研究结论,但他们通过实验更进一步指出,二元文化曝光会促进创造力,尤其是当曝光的二元文化中涉及自我相关的文化时,且这个效应是受到一个更不积极的情绪状态或是一个更加消极的情绪状态的中介作用。实验以新加坡华人学生为被试,研究者先通过让被试观看一段10分钟左右的幻灯片,在二元文化曝光情况下,同时并列展示中国文化和美国文化的图片,而在单一文化曝光情况下,只展示中国文化图片或美国文化图片。然后,让被试评价24个情绪术语与他们在观看幻灯片时的感受的吻合程度,之后给10分钟让被试完成一项创造性任务。研究结果表明,二元文化曝光会通过一个更不积极的情绪状态影响被试在创意测验中的灵活性。研究者认为,这是因为曝光于两种不同的文化面前时,尤其是当其中一种文化是个体自身的来源文化,将会驱动人们去理解、调和并整合这两种文化之间的差异性。当个体面对来自不同文化的想法时,他们会面临这些想法之间的明显矛盾,进而经历认知失调。这种认知失调会引发不愉快的情绪状态,转而驱动个体参与更深的认知加工,甚至发展出更高的整合复杂性(Tadmor et al.,2009)。整合复杂性(integrative complexity)强调的是创造性的两种支撑能力:一种是差异化能力,指的是乐于承认在同一问题上的竞争观点;一种是整合能力,指的是锻造这些观点之间的概念连接的能力(Suedfeld et al.,1992),因而能够激发创造力。从中可以看出,与 Leung 和 Chiu(2010)的观点一致的是,他们认为,文化混搭是通过促进创造性支撑活动或能力进而提高个体的创造性表现的;但不同的是,该研究进一步指出,创造性支撑能力的提升主要是因为受到文化混搭所引发的不愉快的情绪状态的驱动。

五、文化混搭对组织变革接受程度的影响

研究指出,相比单一文化启动,文化混搭启动将会促进人们对新的组织政策的接受,并会降低他们固守于现状的程度,而这种效应受到了思维开放性的驱动(Fu et al.,2016)。实验以中国企业的管理人为被试,通过品牌标识与背景图片的组合来进行文化启动。其中,中国文化启动组的品牌标识展示在带有一个中国文化象征元素的背景图上;西方文化启动组的品牌标识展示在带有一个西方文化象征元素的背景图上;在文化混搭启动组,被试看到的是品牌图片的并列展示,一个背景图带有中国文化象征元素,而另一个背景图带有西方文化象征元素;在控制组,被试看到的品牌标识展示在一个纯色的背景图上。然后,让被试想象自己是一个中国公司的一线客服主管,公司

现在计划改变薪资结构,也即将基本工资和绩效工资的比例从原来的95%∶5%改成现在的45%∶55%,之后测量他们对这项变革的接受程度。研究结果表明,相比只启动一种文化,在文化混搭的影响下,被试对组织变革的接受程度明显更高。研究者认为,这是因为文化混搭会促进人们进行非常规的信息处理,因而,会让他们的思维变得更加开放。

第三节　人们对文化混搭的反应类型

当曝光于文化混搭面前人们会使用文化作为一种组织认知的图式,并会引发一种知觉对比效应,将人们的注意力吸引到不同文化之间的差异性上,进而扩大不同文化之间的感知差异性,并增强人们的文化典型性刻板印象等(Chiu et al.,2009;Li et al.,2013)。现有研究表明,上述这样的心理状态有可能促使人们对文化混搭产生排斥性反应或者融合性反应(Chiu et al.,2011)。其中,排斥性反应是一种情绪性、反射性的反应,由感知到对一个人的传统文化的完整性和生命力的威胁所引发,这些反应导致指向于保护传统文化的完整性与生命力的排斥性、仇视性行为或建构性努力(Chiu et al.,2011);而融合性反应是促进对外国文化理念的使用,将其作为达成个体重要目标的手段或资源的一种反思心理过程。为了达到重要的目标,个体将外国文化看作补充他们的传统文化的智力资源。与排斥性反应相比,融合性反应是相对需要努力的、目标导向的、需要深思熟虑的,并且是问题解决导向的(Torelli et al.,2011;Leung et al.,2014)。具体来说,两种反应之间的差异如表2-1所示。

表 2-1 排斥性反应和融合性反应之间的差异对比

排斥性反应	融合性反应
害怕文化污染或侵蚀的情绪反应	指向问题解决的目标导向反应
快速,自发,反射性	缓慢,深思熟虑,需要努力
将外国文化感知为文化威胁	将外国文化感知为文化资源
高身份显著性	低身份显著性
消极的跨文化情感:嫉妒,恐惧,愤怒,厌恶,遗憾	积极的跨文化情感:钦佩
排他性行为反应:孤立、拒绝和攻击	包容性行为反应:接纳,融合和综合
保护传统文化的完整性和生命力的需要会增强反应	一种文化学习心态会增强反应
认知需要会减弱反应	认知闭合需求会减弱反应

注:资料参见 Chiu,Gries,Torelli,et al,2011.

将文化混搭可能引发的人们的反应划分为排斥性反应和融合性反应,主要是借鉴于全球化研究当中对流入的外国文化的态度。然而,彭璐珞和赵娜(2015)指出,文化混搭因为涉及母国文化与外国文化的混搭,消费者不仅要面临对外国文化的取舍问题,还要面临对母国文化的取舍问题。即便都是对外国文化持包容性态度,但对母国文化是保留还是舍弃,也会引发明显不同的心理状态。因此,研究者们分别用"对比式反应"来代替"排斥性反应"以指代完全接纳外国文化而舍弃本国文化的态度;用"同化式反应"来代替"融合性反应"以指代完全排斥外国文化而维护母国文化的态度,然后又增加了一个介于两者之间试图调和母国文化与外国文化的第三种"混搭式反应",并将其具体实现方式划分为融通、附会、分理、并置、统摄、移接、转化、叠合和协同九种。但研究者认为,人们在对文化混搭作出排斥性反应或者融合性反应时,其实是在对混搭的不同文化进行了综合考虑之后才作出的反应,而不仅仅只考虑其中的一种文化。更重要的是,彭璐珞和赵娜(2015)在研究中所提出的三种反应形式的分类方法主要针对的是母国文化和外国文化之间的混搭,而这只是文化混搭现象中的其中一种。所以,研究者更倾向于认同前一种的划分方式,即将人们对文化混搭的反应划分为排斥性反应和融合性反应两种类型。

一、人们对文化混搭的排斥性反应

下面我们分别来看一下,文化混搭究竟会引发人们的哪些排斥性反应和融合性反应。首先,我们先来看一下文化混搭会引发人们的哪些排斥性反应。现有研究表明,文化混搭有可能引发的排斥性反应,既包括负面的评价和负面的情绪体验,又包括不接受、拒绝甚至是抵制等负面的行为(彭璐珞等,2017)。

例如,有在研究探讨了在不同文化启动情况下,即单一文化启动、二元文化启动和无文化启动时被试对外国意欲在母国进行文化推广活动的看法(Cheng,2010)。研究结果表明,对于那些忧虑母国文化的连续性的被试来说,相比单一文化启动和无文化启动,二元文化启动会导致他们对外国意欲在母国进行文化推广这一事件感到更为焦虑,并更可能支持对该公司征收附加税及反对政府支持该公司。托雷利和阿卢瓦利亚(Torelli & Ahluwalia,2012)在研究中通过对文化混搭(即象征某文化的品牌加上标志性的某国产品)的品牌延伸的研究发现,相比单一文化品牌延伸产品,人们对文化混搭的品牌延伸产品的评价将更为不利。之后的一些学者也得出类似结论,即将外国文化元素与母国文化元素进行入侵性混搭,更可能引发人们的负面情绪及抵制行为。

二、人们对文化混搭的融合性反应

人们对文化混搭的融合性反应是指人们对文化混搭持诸如包容、接纳等的积极肯定态度。现有研究已经指出,当个体把不同文化看作相辅相成的知识资源、理念和实践的结合时,便会引发对文化混搭的融合性反应。具体来说,人们对文化混搭的融合性反应主要包括对文化混搭刺激物的积极评价,以及激发个体的创造力。

例如,彭璐珞和谢天(2016)在研究中发现,在二元文化曝光的情况下,让被试聚焦于两种文化之间的差异性上会提高对文化混搭产品的感知创意性,进而提高他们对文化混搭产品的评价。研究者指出,创造性活动包含两个过程,即认知文化差异和调和文化差异(Tadmor et al.,2009),而二元文化曝光会扩大文化之间的差异性意味着,它能够促进创造性活动的第一个过程,因此会提高个体对文化混搭产品的创意感知,进而提高他们对文化混搭产品的评价。更多的研究则直接探讨了个体将不同文化看作不同想法的来源,而多样化的想法有助于提高人们的创造力。例如,以欧裔美国大学生为实验对象的研究发现,在同时曝光于中国文化和美国文化面前时,他们会表现出更好的创造性绩效,而且这种效应在最初曝光的5~7天后仍然能观察到(Leung & Chiu,2010)。研究者认为,这是因为当曝光于二元文化面前时,会提高个体的非常规想法的产生,以及对来源于外国文化的想法的接受能力。这些都与创造性的支撑过程密切相关,因此,会促进个体的创造力。之后,一些学者也都得出了相似的研究结论,即当个体面临文化混搭时,他们的思想开放性会提高,能够从不同文化当中吸取不同的创意想法,进而提高他们的创造性绩效(Cheng et al.,2011;Cheng & Leung,2012;Chen et al.,2016)。

第四节 人们对文化混搭的反应的心理机制

一、人们对文化混搭产生排斥性反应的心理机制

根据先前的研究可知,个体对文化混搭的排斥性反应是一种情绪性、反射性的反应(Chiu et al.,2011)。那么,导致人们对文化混搭产生排斥性反应的心理机制有哪些呢?

1. 文化威胁

对于文化混搭为什么会引发人们的排斥性反应,多数学者们都是采用感知文化入侵作为心理解释机制,尤其是当研究的是母国文化象征与外国文化象征之间的混搭时。因为文化象征是文化身份的携带者,一个人的母国文化象征和一个外国文化象征的同时呈现有可能会引发人们的文化污染忧虑,即担心母国文化的完整性与生命力受到外国文化的威胁或侵蚀,因而会引发他们对文化混搭的排斥性反应(Yang et al.,2016)。例如,有学者在研究中同时以中国和美国大学生为被试,将他们随机分配到四个文化启动组当中,即单一中国文化启动组、单一美国文化启动组、中国文化和美国文化联合启动组及无文化启动组。然后,让中国被试评价一个纽约出版商计划在北京设立地区总部以促进西方民俗学的行为,而让美国被试评价一个北京出版商打算在纽约设立地区总部以推广中国民俗学的行为

（Cheng，2010）。研究结果表明，对于中国被试来说，相比单一中国文化启动组、单一美国文化启动组和无文化启动组，中国文化和美国文化联合启动组对美国的文化传播计划会表现出更加强烈的消极情绪反应。因为二元文化启动会扩大不同文化之间的感知差异性，而中国人具有一个长期的文化侵蚀忧虑，因此他们会抵制来自一个不同文化的影响。但对于美国被试来说，不存在上述的效应，因为美国人相对不会担心外国文化会侵蚀其本国文化。在研究二中，研究者通过引发美国被试的文化侵蚀忧虑，最终也得到了相似的研究结论。

托雷利等在研究中则通过让被试曝光于同时嵌入两种不同文化象征的商品面前来进行二元文化启动。结果发现，相比单一文化启动情境，当处于二元文化启动情境时，被试更可能担心外国文化对母国文化的"文化污染"，进而更可能对涉及文化混搭的营销方案表现出防御性反应。之后，也有学者在研究中也发现，文化入侵感知在入侵性文化混搭和消费者的负面反应之间起着中介作用。在实验中，研究者以北京人为被试，通过让他们观看四版广告的其中之一来进行文化入侵操控。在空间入侵情况下，麦当劳标志叠加在长城的图片上，而在空间区隔情况下，麦当劳标志和长城图片并列呈现，同时在广告下面添加麦当劳是美国文化的一种象征的说明或强调它的消费者利益来进行麦当劳的感知文化象征的操控。研究结果发现，文化象征和空间入侵会交互影响消费者的文化入侵感知，进而增强他们对麦当劳在长城开设新店的负面反应（Yang，2012）。其后续研究进一步指出，文化污染忧虑是导致人们对文化混搭产生排斥性反应的原因，而通过保持两种文化象征之间的距离能够降低人们的文化污染忧虑进而降低他们对文化混搭的排斥性反应(Yung et al., 2016)。

还有研究则认为,人类所具有的发现和拒绝来自致病威胁对身体的潜在污染的进化机制也适用于促进对非致病性领域中的犯罪和侵犯的拒绝(Rozin et al., 1999; Rozin et al., 2009)。即起源于致病恐惧和基于对食物污染的厌恶,可以延伸到对发生在身体领域的违背行为的厌恶,如不恰当的性接触、灵魂或人性的违背,以及对社会秩序和集体规范的违背产生的厌恶性反应(Rozinet al., 2009; Tyburet al., 2013)。而文化作为重要的社会认同和共享规范的标记和提示,不仅能强化社会认同和归属,还能促进内群体与外群体成员之间的区分,以及传达一种安全感。因此,就像阻止对身体的污染一样,人们也会避免外国文化对这种共享群体认同标记(即文化)的污染。因此,当面对母国文化与外国文化的混搭时,人们会因为担心外国文化对母国文化的污染,进而对文化混搭产生反感或厌恶情绪(Cheon et al., 2016)。

2. 负面情绪

根据先前的研究可知,人们对文化混搭的排斥性反应是一种情绪性、反射性的反应(Cheng et al., 2011)。因而,也有学者从个体的情绪状态入手研究,得出文化混搭会通过诱发人们的负面情绪进而导致人们对文化混搭的排斥性反应。例如,吴莹等(2014)在研究中指出,不同民族的文化混搭有可能会引发人们的悲伤、愤怒和厌恶等负面情绪,进而导致他们对该文化混搭产生排斥性反应。之后也有研究得出了相似的结论,即像人们对致病源和食物污染的反感或厌恶一样,将外国文化象征和母国文化象征进行混搭,也可能会引发人们的反感或厌恶情绪,进而导致他们对该文化混搭表现出排斥性反应(Cheon et al., 2016)。相对来说,人们对文化融合的反感或厌恶程度要明显强烈于文化共现。因为文化共现只是将不同文化象征并列呈现,彼此并无任何交集,而文化融合里的不同文化象征已经相互作用且改变了彼此的原貌。

3. 加工流畅性

加工流畅性指的是个体对信息加工难易程度的一种主观感受(周南、王殿文,2014)。先前的研究表明,当对一个目标刺激物进行加工时,如果能够激活与其强烈相关的其他概念,就会使个体对目标刺激物的加工变得更加流畅和容易,而这种加工流畅性的主观体验会增强个体对目标刺激物的评价。反之,如果个体体验到的加工流畅性较低,则他们对目标刺激物的评价也会降低(Lee & Labroo, 2004; Reber et al., 2004)。文化混搭因为涉及不同文化象征的同时共现,它会同时激活个体头脑中的不同文化图式,导致他们采用不同的文化图式来处理文化混搭,进而降低他们的加工流畅性,以及他们对文化混搭的评价。

例如,托雷利和阿卢瓦利亚(Torelli & Ahluwalia, 2012)以品牌延伸中的文化混搭现象作为研究情境。结果发现,涉及文化混搭的品牌延伸会通过降低消费者的加工流畅性,进而降低他们对品牌延伸产品的评价。实验以美国人为被试,通过品牌加标志性产品进行文化混搭的操控。其中,延伸的母品牌选择的是同一产品类别的两个流行时装品牌,分别是意大利的乔治·阿玛尼和英国的巴宝莉。而选择的三种产品分别是:平底茶壶,具有高英国文化象征水平但是低意大利文化象征水平;卡布奇诺—黑糖玛奇朵咖啡机,具有高意大利文化象征水平但是低英国文化象征水平;烤箱,不管是按照英国文化象征水平还是意大利文化象征水平来说,都是相对中立的。然后,将这两个品牌与这三种产品进行排列组合,最后构成了六种品牌延伸产品。在曝光这六种品牌延伸的产品概念之后,让被试评价这些产品概念的加工难易程度,即将是否容易理解及想象作为对加工流畅性的测量,再让他们对各品牌延伸产品做出评价。最后的研究结果发现,相比文化一致的品牌延伸(即乔治·阿玛尼卡布奇诺咖啡机和巴宝莉平底茶壶)和中性品牌延伸(即乔治·阿玛尼烤箱和巴宝莉烤箱),被试对文化不一致的品牌延伸(即乔治·阿玛尼平底茶壶和巴宝莉卡布奇诺咖啡机)的评价更为不利。其中,降低的加工流畅性中介了上述的效应。这就是说,相比单一文化品牌延伸,文化混搭的品牌延伸会通过降低消费者的加工流畅性进而降低他们对品牌延伸产品的评价。

根据文化建构主义理论可知,具有某一文化的一些直接或间接经历的人们会发展出该文化的一种认知表征(Hong et al.,2000;Chiu & Hong,2007)。文化图式是关于一个人类群体的一个松散的共享知识网络,包含一个核心概念及它的关联信念、价值观和实物,它可以在潜意识层面运作,但只有当它是可及时才能指导个体的认知(Chiu & Hong,2006),而使文化图式变得可及的方法之一就是将人们曝光于文化象征或符号面前,或者通过文化启动的方式使文化图式变得可及。而与一种文化联系在一起的著名产品和品牌也能够成为文化图式的一部分,因此,当曝光于这样的文化象征品牌和产品面前时,它也会自动激活个体头脑中与之相关的文化图式。这意味着,当母品牌和延伸产品都具有文化象征性时,若延伸产品与母品牌激活的文化图式有关联,则会提高消费者在加工品牌延伸产品时的流畅性,进而提高他们对品牌延伸产品的评价;而如果母品牌与延伸产品分属于不同的两种文化,那么,将母品牌和延伸产品进行结合的品牌延伸产品就会同时激活两种不同的文化图式,这两种文化图式之间的不一致性就可能导致消费者在加工新产品时的流畅性或容易度的下降,而这种不流畅或不容易的感觉使消费者更不愿接受品牌延伸产品,从而降低他们对品牌延伸产品的评价。

4. 内隐偏见

先前的研究已经证明,对一个外群体的消极内隐态度会引发群际之间的冲突。这也意味着,当个体对一个国家存有消极内隐态度时,可能也会导致他们对该国家实体的消极行为。因此,当入侵性文化混搭引发个体对一个外国群体的内隐偏见时,会驱动他们对文化混搭中的外国入侵元素的排斥性反应。

施媛媛等(2016)在研究中以北京的大学生为被试,通过让他们观看一个麦当劳即将在长城开设分店的广告来进行文化启动。其中,在入侵性文化混搭情况下,他们看到的广告是一个麦当劳标志叠加在长城图片之上,旁边还有一句突出麦当劳的文化意义的广告语;而面向控制组的测试不存在文化混搭。然后,基于简短的内隐联想测验来测量被试对美国文化的内隐态度。最后,再测量他们对麦当劳的态度。研究结果发现,相比控制组,在入侵性文化混搭情况下,被试会表现出对美国文化更加强烈的消极态度,以及对麦当劳更强的抵制意向。此外,经过中介检验发现,被试对美国文化的内隐态度部分中介了入侵性文化混搭对麦当劳的抵制意向的影响。

二、人们对文化混搭产生融合性反应的心理机制

根据先前的研究可知,个体对文化混搭的融合性反应所反映的是一种文化学习的心态,它是相对需要努力和深思熟虑的、目标导向的及问题解决指向的(Leung & Chiu, 2010; Torelli et al., 2011)。那么,导致人们对文化混搭产生融合性反应的心理机制有哪些呢？主要有如下两个。

1. 感知创意性

现有研究发现,文化混搭会提高个体对文化混搭产品的创意性感知,进而提高他们对文化混搭产品的评价。例如,彭璐珞和谢天(2016)以中国北京某大学的学生为被试,将他们随机分配到3个实验组当中,即相似性聚焦组、差异性聚焦组和控制组;然后,通过10分钟自动播放的PPT幻灯片同时呈现中国文化元素和美国文化元素来进行二元文化启动;最后让被试评价一个上面印有中国古代皇后(传统文化象征)手持一个现代相机(现代文化象征)的图片的鼠标垫,以及一个表盘上装饰着一只熊猫怀抱竹子的形象的西方奢侈品牌手表。研究结果发现,相比相似性聚焦组,控制组和差异性聚焦组的被试对文化混搭产品的评价会明显更高。因为消费者会感知到更高的创意性,也即感知创意性在其中起着中介的作用。研究者提出,这是因为先前有关多元文化经验的研究已经指出,创造性活动主要包括两个过程：一是认识到文化之间的差异,二是调和文化之间的这些差异(Suedfeld et al., 1992; Tadmor et al., 2009)。而根据先前的研究可知,二元文化启动会扩大消费者对两种文化之间的感知差异性,而差异性聚焦更会增强这种感知差异性,这就有利于

促进前述的创造性活动的第一个过程(也即认知到文化之间的差异),进而会提高消费者的创意性感知,最终提高他们对文化混搭产品的评价。在相似性聚焦的情况下,因为消费者的注意力主要集中在混搭的不同文化之间的相似性上,所以会阻碍他们在创造性活动中的第一个过程,也即不利于他们认识到文化之间的差异,从而会降低他们的创意性感知,最终降低他们对文化混搭产品的评价。

2. 负面情绪

现有研究揭示跨文化接触和创造力之间的积极关系时,大部分都是按照对外国文化的情绪中性认知反应进行的(Chiu & Cheng, 2007)。还没有研究检验过对外国文化的情绪反应在创造性绩效中的促进作用,尤其是对外国文化的负面情绪在创造性绩效中的促进作用。有研究就发现,当个体同时曝光于两种文化面前,尤其是当其涉及当地文化时,会降低他们的积极情绪或增强他们的消极情绪,而这些情绪体验转而会激发他们的创造力(Cheng et al., 2011)。对于为什么二元文化曝光会引发人们的更不积极或消极的情绪体验进而促进个体的创造力,研究者认为,这是因为在二元文化曝光的情况下,个体将面对来自不同文化的想法,同时也面临着这些想法之间的明显矛盾。这会导致他们产生认知失调,而这种认知失调会引发他们不愉快的情绪状态,驱动他们对不同文化进行更深入的认知加工,进而促进他们的有关创造性支撑能力(即差异化和整合化)的发展,最终提高他们的创造力。

第五节 人们对文化混搭反应的调节因素

一、人们对文化混搭的排斥性反应的调节因素

哪些因素能够调节消费者对文化混搭的排斥性反应呢？对此，学者们也进行了积极的探讨。概括说来，现有研究主要是从文化混搭刺激的特征和消费者的个体特征这两大方面进行探讨。

1. 文化混搭刺激的特征

现有关于文化混搭的研究，主要探讨了文化混搭刺激的以下六个特征对消费者对文化混搭的排斥性反应的调节作用：文化混搭当中是否涉及内群体文化；混搭的不同文化的影响力及国家的影响力；混搭的不同文化国家之间的文化力量对比；混搭的不同文化之间的相似性或差异性；混搭的不同文化元素的文化象征水平及所属领域；不同文化之间的混搭方式及混搭程度。

(1) 文化混搭当中是否涉及内群体文化

当文化混搭当中不涉及内群体文化时，就是两种外群体文化的混搭；而当文化混搭当中涉及内群体文化时，就是内群体文化和外群体文化的混搭。当两种外国文化进行混搭时，由于会模糊已经建立起来的文化类别界限，因而可能会让感知者觉得不太自然。然而，当将母国文化和外国文化进行混搭时，因为涉及一个人自身的文化传统和身份，人们有可能会担心外国文化对母国文化的污染或侵蚀，进而会对文化混搭产生更严重的排斥性反应(Hao et al., 2016)。现有研究已经指出，相比两种外国文化象征之间的混搭，消费者更不能接受母国文化象征与外国文化象征之间的混搭。例如，有学者在研究

中以菲律宾的大学生为被试,通过投影放映中国文化元素和美国文化元素的图片来进行文化混搭启动,然后观察他们对图片的评价。研究结果发现,当两种外国文化象征进行融合时也会引发人们负面情绪。其中,认知闭合需求会调节个体对两种外国文化象征融合的负面反应,而爱国主义对其则不具有调节作用。但在其他的实验中,研究者却发现,个体的认知闭合需求尤其是爱国主义能够显著预测他们对母国文化象征和外国文化象征混搭的负面反应。这就是说,相对于两种外国文化象征的混搭,当母国文化象征与外国文化象征进行混搭时,人们会因为忧虑外国文化对母国文化的威胁,进而会表现出更强的负面反应(Cheon et al.,2016)。

(2)混搭的不同文化的影响力及国家的影响力

现有研究指出,当个体面对母国文化与外国文化的同时呈现时,若感知到母国文化的完整性和生命力受到了威胁,就会对该文化混搭产生排斥性反应(Chiu et al.,2011)。因此,若能够让人们确信母国文化的影响力或者生命力,就会降低人们的文化威胁感知,进而降低他们对文化混搭的排斥性反应。

除了文化影响力的变化之外,国家影响力的变化也会调节人们对文化混搭的排斥性反应。根据社会认同理论可知,个体常常根据显著的群体成员身份来认同他们自己,且群体提供的积极社会身份能够满足个体基本的自尊需求(Tajfel,1978;Tajfel & Turner,1979)。因此,个体在维持令人满意的群体身份中具有一种既得利益。大量研究已经发现,当对一种积极的内群体认同的威胁是来自一个特定的外群体时,为了追求一种想要的群体认同,在涉及目标外群体时,内群体成员会进行多种形式的内群体偏爱(Branscombe et al.,1999)。

而对积极的群体认同的威胁,除了直接的攻击、不公平对待或间接的内群体的消极社会比较外,也可能来自更加含糊的因素,如整体经济、社会或政治环境的改变也可能会损害内群体认同。例如,有学者在研究中通过让被试阅读一篇标题为"美国正在衰退中"或"美国正在上升中"的文章。这些文章提供的都是捏造的报告,分别说的是美国的国际影响力下降并且不可能恢复、美国的国际影响力上升并且可能继续保持顶尖水平,然后让他们表达看法。研究结果发现,相比于感知美国正处在上升期,当被试感知美国正处于衰退中时,那些强烈认同国家的被试会更加强烈地反对这种文化混搭行为(Jia et al.,2011)。但也有学者在研究中得出了与上述观点相矛盾的研究结论,即当感知国家地位上升时,人们会对涉及母国文化和外国文化相混搭的文化混搭产品表现出更加负面的反应(Kwan & Li,2016)。然而,遗憾的是,研究者并未对此论断进行实证检验。

从以上论述可以看出,前者认为,相对感知国家地位的上升,当感知国家地位下降时,人们更可能反对母国文化和外国文化的混搭(Jia et al.,2011)。但后者却认为,当感知国家的地位上升时,人们可能对母国文化和外国文化的混搭表现出更加负面的反应(Kwan & Li,2016)。

(3)混搭的不同文化国家之间的文化力量对比

在国际关系当中,威胁是力量不对称的一个函数(Dolye,1997)。例如,有研究指出,按照军事力量对比,处于弱势地位者会增强对威胁的感知,即力量弱小者更容易感知到来自力量强大者的威胁(Rousseau & Garcia-Reta mero,2007)。这意味着,文化混搭中的不同文化之间的文化力量对比结果也有可能会通过影响个体的文化威胁感知进而调节人们对文化混搭的排斥性反应,即在文化力量对比中处于弱势地位的文化更容易感知到来自强势文化的威胁。因此,当两种文化进行混搭时,强势文化方与弱势文化方由于感知到不同程度的文化威胁,他们对文化混搭的评价也会随之不同。

例如,有研究通过让被试观看外国文化图片和母国文化图片的并列呈现来进行二元文化启动,然后测量被试对一个外国儿童书籍出版商计划在当地建立地区总部以推广外国民俗学的看法。结果发现,相对于美国被试,中国被试更可能将美国出版商的行为感知为文化扩张进而产生焦虑感。这是因为相对于美国被试来说,中国被试具有一个更高水平的长期文化连续性忧虑,所以在看待纽约出版商推广西方民俗学的行为时,更可能将其看作一种文化扩张,从而因为担心其会威胁中国文化的连续性而感到焦虑。之所以会如此,是因为长期以来,美国基本都是作为文化的输出方或施加文化影响的一方,而中国基本都是作为其文化的输入方或接受文化影响的一方。因此,这使中国人形成了一种长期的文化连续性忧虑,而美国人则相对具有较低的这种长期文化连续性忧虑(Cheng,2010)。研究者在之后的实验中通过操控被试的美国文化连续性威胁也从侧面验证了上述的结论。

(4)混搭的不同文化之间的相似性或差异性

关于二元文化启动的研究指出,当同时曝光于两种不同文化面前时,会扩大不同文化之间的感知差异性。这种感知差异性再加上情境引发的文化抗辩心态就会引发人们的排斥性反应(Torelli et al.,2011)。这意味着,文化混搭若要引发人们的排斥性反应,必须满足的一个前提条件就是,让人们感知到混搭的不同文化之间存在明显差异。因此,混搭的不同文化之间的差异性或相似性应该会调节人们对文化混搭的排斥性反应。例如,有研究发现,当新加坡被试面对麦当劳将要收购当地的企业品牌亚坤早餐店时,若他们被启动一种类别化的思维模式,将更强烈地反对此次收购计划。因为启动类别化思维模式会引发他们产生麦当劳和亚坤早餐店之间文化差异很大的感知,进而增强他们对收购的排斥性反应(Tong et al., 2011)。托雷利和阿卢瓦利亚以品牌延伸作为文化混搭的研究情境也得出了相似的结论,即文化象征性品牌在进行品牌延伸时,相比延伸产品的文化背景与母品牌的文化背景一致的情形,如巴宝莉(英国)平底茶壶(英国),及延伸产品的文化背景与母品牌的文化背景不一致时,如巴宝莉(英国)卡布奇诺咖啡机(意大利),人们对品牌延伸产品的评价将更为不利。何佳讯和王承璐(2017)以来自三个不同产品类别(快速消费品、耐用消费品和奢侈品)的六个应用了中国元素的全球品牌产品(肯德基肉沫皮蛋粥、哈根达斯冰淇淋月饼、惠普mini VT牡丹上网本、戴尔Inspiron1320金鱼上网本、GUCCI上海龙手包和TIFFANY中国幸运符项链)作为文化混搭刺激物的研究也发现,当全球品牌所代表的来源国文化的象征意义与应用的东道国文化元素的隐含意义不相一致时,人们将更不可能购买该全球品牌产品。刘英为等(2020)通过基于中国品牌海外社交媒体广告的多案例研究也指出,可以通过全球共识意义的获取来提高海外消费者对象征性领域内的文化元素混搭的接受程度。

(5)混搭的不同文化元素的文化象征水平及所属领域

根据文化混搭的定义,它指的是来自不同文化的象征同时在相同空间并存。这意味着,混搭的不同文化元素必须被认为是所属文化中具有象征性或代表性的文化符号。彭璐珞和谢天(2016)在研究中也强调,要出现二元文化曝光效应必须要满足的条件之一就是,同时曝光的这两种文化必须被感知为各自文化的象征或代表。现有研究表明,当混搭的不同文化元素的文化象征水平越高时,越有可能引发消费者对文化混搭的排斥性反应。例如,彭璐珞(2013)在研究中将文化元素划分成了三个不同的领域:①物质性领域,主要包括日常生活中的物质元素(如美食);②象征性领域,该领域中的事物一般为同一文化群体成员所共享的某类文化象征符号,其含义远远超过了其原本的实用性功能(如故宫);③神圣性领域,这一领域关乎同一文化群体成员所共享的世界观、宇宙观及终极价值等。划分完成之后,研究者又通过一系列实验研究得出结论,即物质性领域内的文化元素进行混搭一般比较容易被人们所接纳,象征性领域内的文化元素混搭次之,而神圣性领域内的文化混搭一般最难被人们所接受。从以上划分可以看出,其划分的依据还是文化元素的象征水平。其中,物质性领域内的文化元素的文化象征水平最低,象征性领域内的文化元素的文化象征水平次之,神圣性领域内的文化元素的文化象征水平最高。实证研究得出的结论也意味着,不同文化元素的文化象征水平越高,人们越有可能对文化混搭产生排斥性反应。

当然,也有研究直接通过测量不同文化元素的文化象征水平来进行验证,并通过三个实证研究发现,当将外国文化元素与母国文化元素进行混搭时,人们感知文化元素的文化象征性水平越高,就越可能对这样的文化混搭表现出负面反应(Yang et al.,2016)。

(6)不同文化之间的混搭方式及混搭程度

在现实生活中,我们可以看到各种各样的文化混搭,例如,有的文化混搭可能只是简单地将不同的文化元素并列放在一起,彼此并无交集;有的文化混搭中的不同文化元素之间会有一定的交叉,但彼此仍然保持着各自的独立性;有的文化混搭中的不同文化元素已经融合形成一个新的实体,失去了其原有的独立性等。现有研究已经发现,消费者对这种不同的文化混搭方式和文化元素之间的不同混搭程度的反应会表现出明显的差异。具体来说,相比文化共现,消费者对文化叠加或融合的反应会更加消极,尤其是对母国文化象征与外国文化象征的文化混搭。因为文化共现只是将母国文化象征与外国文化象征进行同时呈现,但彼此之间并不存在交集,两种文化之间仍保持着各自的完整性与独立性,而文化叠合或融合中的母国文化象征与外国文化象征已经有了交叉,甚至是相互作用改变了彼此的原貌而形成了一个新的实体,进而更可能会引发人们的文化侵蚀担忧,从而导致更加负面的反应。

不仅涉及内群体文化与外群体文化的融合会如此,对于一般的文化融合现象,消费者也会表现出比对一般的文化共现现象更加消极的态度。有研究指出,文化可以为人们提供一种知识框架进而提供认知安全感。尽管文化共现和文化融合看似都可能构成对人们认知安全感的威胁,但他们认为两者在威胁认知安全感的性质和程度上不同。在文化共现情况下,认知安全感是通过替代认知框架(即文化)的同时但是"分离"(即并列)呈现而削弱的。此时,包括个体自身文化的认知框架仍然以它们的原始形式保持着可及性。然而,在文化融合的情况下,认知安全感也是通过其他文化的出现而被削弱的,但是这些替代框架是混杂的,结果就是形成一个新的认知框架。这也就是说,文化共现是通过添加新的、不熟悉的认知框架来威胁认知安全,而文化融合则更加直接,因为它改变了现存的认知框架,包括一个人自身的原始认知框架。因此,研究者认为,文化融合相比文化共现会引发人们更加消极的反应,并通过实验研究对这一观点进行了验证。实验以比利时大学生为被试,让他们评价展示的几种社会模式,如文化共现社会模式(即界限清晰的不同文化并列展示)和文化融合社会模式(即几种文化融合在一起)。最后的研究结果发现,相比文化共现的社会模式,被试对文化融合的社会模式会表现出更加负面的态度(Keersmacker et al.,2016)。

(7)文化混搭的不同营销传播方式

现有研究指出,对于同一文化混搭现象,当采用不同的营销传播方式时,消费者对文化混搭的态度将会产生明显差异。例如,研究发现,对于麦当劳在长城开设分店一事,当在印刷广告中采用不同的营销传播框架时,消费者对该事件的态度将会存在明显差异。具体来说,当消费者看到麦当劳标识叠加在长城之上的印刷广告时,如果广告语主要强调麦当劳能够给消费者带来的利益,而非麦当劳所象征的美国文化意义时,消费者反对麦当劳在长城开设分店的可能性要小一些(Yang et al.,2016)。而崔楠等(2016)根据语言学的研究指出,对于文化混搭产品中的不同文化属性之间的关系,可以通过采用"名词—名词"的概念组合来界定。这种"名词—名词"的概念组合,第一个名词称为修饰类别,第二个名词称为主类别。主类别代表了概念组合所属的类别,而修饰类别意味着它的属性能够被转移到主类别之上,即修饰类别改变了主类别。据此,研究者提出了文化混搭的两种框架策略:一种是"外国文化—母国文化"的框架策略,即外国文化作为修饰类别而母国文化作为主类别;另一种是"母国文化—外国文化"的框架策略,即母国文化作为修饰类别而外国文化作为主类别。然后,通过两个实验研究发现,消费者对采用"外国文化—母国文化"的框架策略时的文化混搭产品评价将明显低于采用"母国文化—外国文化"的框架策略时。因为当采用"外国文化—母国文化"的框架策略时,作为修饰类别的外国文化符号的某些属性转移到了母国文化符号之上,此时,就会引发消费者的外国文化改变母国文化的感知,从而增强他们的文化威胁忧虑,降低他们对文化混搭产品的评价;而与此相反,当采用"母国文化—外国文化"的框架策略时,作为修饰类别的母国文化符号的某些属性转移到了外国文化符号之上。就会引发消费者母国文化改变外国文化的感知,进而削弱他们的文化威胁忧虑,提高他们的文化混搭产品评价。而聂春艳等(2018,2019)的研究却进一步指出,对于"名词—名词"的概念组合通常可以采用两种不同的解释策略:一种是强调修饰类别的某些属性以某种方式映射到了主类别之上的属性解释,此时,主类别因为具有了修饰类别的某些特征,更易引发人们对修饰类别改变了主类别的感知;另一种是强调修饰类别与主类别之间存在某种主题关系的关系解释,此时,并没有相关属性从修饰类别转移到主类别之上,所以,就会降低人们对修饰类别改变了主类别的感知。因此,研究者提出,崔楠等(2016)所得出的研究结论只有在采用属性解释策略时才会存在,当采用关系解释时,消费者对采用"外国文化—母国文化"和"母国文化—外国文化"的框架策略的文化混搭产品评价之间将不会存在显著差异。

2. 消费者的个体特征

学者们探讨了消费者的六个个体特征(消费者的文化认同、所持的文化观念、认知性需求、认知思维定式、死亡忧虑、个人价值观的肯定)及对他们对文化混搭的排斥性反应的调节作用。

(1)消费者的文化认同

根据社会认同理论可知,对内群体文化的认同会引发人们的内群体偏爱和外群体贬损,以维护和提高个体的自尊(Tajfel,1974;1982)。这意味着,当人们高度认同内群体文化时,面对内群体文化与外群体文化的混搭,人们会对该外群体文化及该文化混搭表现出更加负面的态度。因为当内群体文化与外群体文化进行混搭时,有可能威胁内群体文化的完整性与生命力,个体为避免自尊受到损害就可能会对外群体文化表现出防御性或排斥性反应(Sedikides & Gregg,2008)。对此,学者们已经通过实证研究进行过多番检验。结果证明,相对于低母国文化认同者来说,那些高母国文化认同者更可能对母国文化与外国文化的混搭产生排斥性反应。

除了对母国文化的认同外,对外国文化的认同也会调节消费者对文化混搭的排斥性反应。例如,莫里斯等以中国学生为被试,先测试了他们对中国文化和西方文化的认同;然后,通过变化西方文化和中国文化的语言和视觉线索来进行文化混搭操控,如英文版本的调查与中国风景图片搭配,中文版本的调查与西方风景图片搭配;之后,测量了他们的认知闭合需求水平。研究结果发现,对于那些低西方文化认同的被试来说,当曝光于中国文化象征和西方文化象征的混搭面前时,会增强他们的认知闭合需求水平;而对于高西方文化认同的被试来说,不存在这种效应。研究者提出,消费者对文化混搭的排斥性反应取决于增强的认知闭合需求。因为根据认知闭合需求的定义,它是一种要求清晰的分类和坚定的决策,而不是持续的不确定性或模糊性的认知动机(Kruglanski,1989)。这种动机状态是由各种威胁类型所引发的(Orehek et al.,2010),尤其是对个人的意义感的核心理念的威胁,如认同类别(Proulx & Heine,2010;Tongeren & Green,2010)。曝光于母国文化与外国文化的混搭可能会威胁文化认同,进而引发认知确定性与安全性的需求。所以,研究者认为,认知闭合需求的增强会加剧人们对文化混搭的排斥性反应。虽然研究者并未对此进行实证检验,但他们认为,曝光于母国文化与外国文化的混搭面前,对于低外国文化认同者来说,会增强他们的认知闭合需求,进而增强他们对文化混搭的排斥性反应;但对于高外国文化认同者来说,他们不会对文化混搭表现出这种防御性反应。

随着全球化的发展,人们也拥有了发展多重认同的机会,即可能同时认同当地文化和全球文化,或者同时认同当地文化和外国文化。现有研究表明,这样的多重认同也会对消费者对文化混搭的排斥性反应产生调节作用。例如,哈鲁什等(Harush et al.,2016)基于全球文化适应模型(global acculturation model)展开研究,该模型通过考虑个体的当地认同和全球认同的相对强度而提出,旨在解释个体的全球环境适应。研究者通过考虑两个实体的相对强度和它们之间的平衡(即认同强度之间的对称性程度),对该模型进行了扩展,最后形成了四种认同类型,分别是当地认同、全球认同、边缘化认同和全球本地化认同。研究者把前两种认同称为主导或不平衡认同类型,把后两种认同称为平衡认同类型,并提出具有主导或不平衡认同类型的个体将更可能对文化混搭表现出负面的态度或排斥性反应,而具有平衡认同类型的个体将更不可能对文化混搭表现出负面的态度或排斥性反应。研究者还结合二元文化认同整合(bicultural identity integration)的概念,提出在全球本地化认同过程中相对低二元文化认同整合的个体来说,高二元文化认同整合的个体会对文化混搭表现出更少的排斥性反应。因为二元文化认同整合捕捉的是二元文化者把他们的文化认同感知为彼此兼容和互补的(即高二元文化认同整合),或相互对抗和矛盾的(即低二元文化认同整合)(Benet-Martinez et al.,2002)。但研究者只是根据相关文献提出了这些研究命题,并未对它们进行实证检验,这还有待后续的研究进一步验证。

施媛媛等(2016)在研究中检验了人们的多元文化倾向对入侵性文化混搭之于内隐群际偏见影响的调节作用。研究结果表明,相比那些低多元文化倾向的被试,具有高多元文化倾向的被试对美国人的内隐态度会明显更趋正面。研究者指出,这是因为具有高多元文化倾向的人们一方面承认每种文化的特殊性和文化差异性的价值,另一方面也重视关于其他文化的知识学习(Rosenthal & Levy,2012)。因此,他们可能超越他们的本土文化,发展出一种多元文化认同(Adler,1977),结果就是,他们会表现出一个更高的文化开放性水平(Shankarmahesh,2006)、更积极的群体间态度(Ryan et al.,2010),对多样性感到更舒适,以及更愿意进行群体间的接触(Rosenthal & Levy,2012)。这从侧面验证了哈鲁什等所提出的平衡文化认同类型能够削弱人们对文化混搭的负面态度或排斥性反应。

此外,还有研究基于个体的早期经历,将多元文化者进一步区分为先天性多元文化者和获得性多元文化者两种类型,并指出相对于获得性多元文化者,先天性多元文化者将更不可能对文化混搭表现出排斥性反应(Martin & Shao,2016)。研究者指出,先天性多元文化者描述的是那些经历早期的沉浸式文化混搭的人。例如,父母都是来自不同文化背景的个体,或者父母都是来自相同的文化背景的二代移民,他们从小就生活在一个多元文化的家庭环境中。获得性多元文化者并没有经历过早期的沉浸式文化混搭,而是在后来的生活中,通过在家庭环境之外曝光于其他文化面前而成为多元文化者的。例如,在单一文化家庭中被抚养长大的第一代移民。之后,研究者以澳大利亚某大学的学生为被试,通过一个实验研究发现,相比获得性多元文化者,先天性多元文化者更倾向于通过一种单一的混搭文化图式来进行认知指导,并拥有一个更加融合的文化认同。根据哈鲁什和施媛媛的研究可知,这会削弱人们对文化混搭的排斥性反应。因而,多元文化类型也会调节消费者对文化混搭的排斥性反应。

(2)消费者的文化观念

现有研究指出,消费者对文化所持的观念会调节消费者对文化混搭的排斥性反应。例如,有研究提出,因为本质主义信念假设不同文化的价值观和规范本质不同且不兼容,所以,持有越高的本质主义信念(essentialist beliefs)的个体,将越有可能对文化混搭表现出排斥性反应(Chao et al.,2015)。其中,本质主义指的是一种社会群体都拥有的根本的本质,且这些本质会引起无法改变的特质的信念(Gelman & Hirschfeld,1999)。因为本质主义信念会建立一种社会分类的思维模式(Chao et al.,2013),所以,它会导致个体将各种群体看作具有很少重叠属性的不同分类(Plaks et al.,2012)。这意味着,认可本质主义信念的个体将会认为不同文化之间是本质不同的,彼此之间是互相不兼容的。因此,在一种多元文化环境下,如果企图调和与融合两种文化之间看似不兼容的本质,将会是对持有本质主义分类思维模式的人们的一种挑战(Tong et al.,2011)。而凯勒(Keller,2005)

通过一个实验研究还发现,强化个体的本质主义信念会导致他们对外群体持有更加消极的态度。综上所述,研究者认为,当面对具有本质不同并且互不兼容的两种或两种以上的文化在同一时空的共现时,持有本质主义信念的个体将更可能对该文化混搭现象表现出排斥性反应。然而,研究者在文中并没有对此假设推断进行实证检验,这还有待于后续研究的进一步验证。

之后就有研究通过实证检验了消费者所持的不同文化观念会调节他们对文化混搭的排斥性反应。研究者一共进行了三个实证研究。实验一以美国人为被试,先让他们评价对三种文化观念的15个陈述句的同意程度,每种文化观念各5个陈述句。其中,一种文化观念被称为"文化色盲论",它不强调文化分类,但强调作为人类所具有的共性,有关的陈述句如"种族和文化群体类别对关于人的理解和决断不是很重要";一种是多元文化论,强调文化群体的差异及保护这些文化差异的必要性,有关的陈述句如"为了有一个协同的社会,我们必须欣赏不同种族群的独特的特点";一种被称为"文化会聚论",强调不同文化之间的互动和混杂,有关的陈述句如"不同文化之间具有很多的连接"。在这之后,研究者让被试想象他们要去巴黎背包旅行,并给定他们一些可以在旅程中进行的活动,总共包括两种类型,即文化单一的法国活动和涉及文化混搭的活动,如选择法国餐厅(单一文化)还是选择日本—法国的融合餐厅(文化混搭),然后让被试评价对这两种活动类型的喜欢程度。研究结果发现,文化会聚论与对文化混搭活动的喜欢成正相关关系,但文化色盲论和多元文化论不存在这种效应。实验一是直接测量被试对三种不同文化观念的认可程度,而实验二通过文本阅读来引发被试的三种文化观念,并分别测量了被试对体验消费和物质消费的偏好。最后也得出了相似的研究结论,即相比其他两种文化观念情境,当处于文化会聚论情境时,被试更可能选择文化混搭选项。实验三通过让被试选择来自单一外国(如巴西)文化的音乐和来自两种文化(如巴西—日本)的混搭音乐再一次验证了以上的研究结论(Cho et al.,2017)。

(3)消费者的认知性需求

研究指出,文化的两个界定特征即共享性和连续性使它能够为人们提供一种认知安全感(Cheng,2010)。这意味着,当人们遭遇各种现实问题并需要明确的答案时,文化可以很快为人们提供确定的答案,以规避模糊性和不确定性所带来的认知风险(Chiu & Hong,2006)。但这种对认知安全性的需要,在个体之间是存在差异的,学术界一般会用"认知闭合需求"来概括个体的不同程度的认知安全性需要(彭璐珞等,2017)。根据认知闭合需求的定义可知,具有高认知闭合需求的个体更追求清晰的分类和确定的答案,反对模糊性和不确定性(Webster & Kruglanski,1994)。而文化混搭是将不同的文化混搭在一起,有可能模糊文化之间的分类界限及文化的本来含义,因而更可能遭到高认知闭合需求者的排斥性反应。尤其是对于文化融合来说,因为不同文化混搭后形成了一个新的实体,不仅模糊了文化之间原本的界限,甚至还改变了不同文化原来的模样,其模糊性与不确定性要显著更高。例如,吉尔斯马克等通过两个实验研究得出,相比低认知闭合需求的个体,高认知闭合需求的个体会对文化融合现象表现出更加负面的态度(Keersmaecker,2016)。实验一让被试评价三种不同的社会模式,即单一文化模式、文化共现模式和文化融合模式。研究结果发现,相比低认知闭合需求的被试,高认知闭合需求的被试对文化融合社会模式会表现出更加明显的负面态度。实验二是通过让被试评价五种不同的文化混搭食物,给予他们五张食物图片,每张图片上还配有一句广告语,如北京烤鸭披萨(必胜客即将上市:北京烤鸭披萨)。实验二得出了同样的研究结论,即相比低认知闭合需求的被试,高认知闭合需求的被试会对文化混搭食物表现出明显更不正面的态度。

从另一个角度看,也可以说认知闭合需求其实反映的就是人们倾向于用现成的认知图式(即文化)来认知事物的程度。其中,高认知闭合需求者倾向于依靠已有的认知图式,低认知闭合需求者则有可能抛开原有的认知图式根据特定情况重新进行思考。而认知需求就是一个反映人们参与和喜欢这种需要努力的认知活动的程度的个体差异变量(Cacioppo & Prtty,1982)。现有研究表明,认知需求会调节二元文化启动效应及消费者对文化混搭的防御性反应。例如,托雷利等在研究中通过三个实验进行了验证。实验一设置了三个情境:单一美国文化启动情境,被试看到的是两个麦当劳汉堡的印刷广告;单一中国文化启动情境,被试看到的是两个月饼的印刷广告;二元文化启动情境,被试看到的是一个麦当劳汉堡的印刷广告和一个月饼的印刷广告。然后给出行为是由个体意向决定及行为是由情境决定的题项,让被试评价美国人和中国人对它们的同意程度。研究结果发现,认知需求会削弱二元文化启动对感知文化对比的影响。研究者指出,这可能是因为高认知需求的个体更可能对不同文化之间的异同进行深思熟虑的加工。实验二则以欧裔美国人为被试,让他们评价一种冠以英国品牌名称的代表性的墨西哥产品来进行二元文化启动,之后让他们在纸上画泡泡分别代表墨西哥、波多黎各、加拿大和英国文化,研究者通过测量每对文化之间的距离来表示文化之间的相似性或差异性程度。在深思熟虑组提示被试仔细思考文化之间的关系复杂性,而控制组没有这种提示。研究结果发现,对文化复杂性进行深思熟虑的加工会削弱二元文化启动对感知文化对比的影响。而实验三进一步检验了认知需求对消费者对文化混搭的防御性反应的调节作用。通过向被试展示一幅并排展示美国和中国的文化象征的"艺术拼贴画"进行二元文化启动,然后让被试评价涉及文化混搭的耐克营销计划。研究结果表明,在二元文化曝光后,相比高认知需求的被试,低认知需求的被试更可能对有可能污染美国文化的耐克文化混搭营销方案表现出防御性反应。

研究者指出,这是因为文化启动效应在很大程度上是自动过程,即在没有关于文化意义的有意识加工下发生的(Hong et al.,2000)。而高认知需求的个体倾向于进行深思熟虑的加工,他们可能会深入思考关于文化之间的相似性和差异性,并修正二元文化曝光所引发的自动文化推断,进而削弱二元文化启动效应及消费者对文化混搭的防御性反应。

(4)消费者的认知思维定式

彭璐珞等(2017)指出,个体的思维定式会决定个体对事物的认知视角,当从不同的视角去认知事物时,人们对事物的评价也会产生明显差异。这意味着,当人们采用不同的思维定式去看待文化混搭时,也会对文化混搭产生明显不同的反应。例如,有研究发现,面对被认为代表外国文化的外国企业收购代表当地文化的当地企业时,相比被启动交易性思维定式,当被启动类别性思维定式时,个体更可能反对这样的收购行为(Tong et al.,2011)。实验以新加坡的大学生为被试,并将他们随机分配到交易性思维定式、类别性思维定式和无启动情况下。其中,在交易性思维定式情况下,让被试回答5个跟交易有关的问题,如林女士在家做裁缝每小时赚12美元,今天她将要去湿货市场买鱼,她跟店主讨价还价每5分钟可以节省1.25美元,请问哪个交易对她来说更好。而在类别性思维定式情况下,被试回答的是跟分类有关的另外5个问题,如艾文每天穿T恤和牛仔裤去工作,你觉得他的职业是销售主管还是软件工程师。控制组则不给定任何问题让被试回答。在这之后,让被试阅读一个标题为"麦当劳正在与亚坤早餐店进行收购谈判"的虚构案例,在案例中将麦当劳描述成一个占优势的外国公司,而亚坤早餐店是一个标志性的当地成长起来的早餐连锁机构,既强调了此次收购能够为两家企业带来的可能经济利益,也突出了两家企业之间的文化不兼容性。在阅读完案例之后,让被试表达对此次收购的看法。最后的研究结果发现,对于那些认为麦当劳和亚坤早餐店是不同的被试来说,相比于持有交易性思维定式,当他们持有类别性思维定式时会更担心这次收购,并会对这次收购表现出更加不利的态度。

研究者指出,因为交易性思维定式聚焦于成本—收益计算,而类别性思维定式则聚焦于对物体和人进行分类和比较。在面对一个跨国收购时,一种交易性思维定式不会让人们从分类来理解和解释案例,而会促使他们从经济上进行考虑,如果收购具有经济绩效的话,就会导致他们对收购交易持更高的赞成态度。与此相反,类别性思维定式会增强两种文化象征的并列所引发的类别化加工,进而推动被试按照文化是否匹配来分析收购。而随着社会文化成为首要考虑的因素,不管交易的经济绩效如何,这个交易都会被认为因为威胁到一个人的母国文化可能被拒绝。

(5)消费者的死亡忧虑

根据恐惧管理理论可知,人们对死亡必然性的认识会导致他们对死亡的恐惧,而文化可以为管理存在主义焦虑提供一种缓冲,因此,个体就具有保护他们的文化生命力的动机和理由(Greenberg et al.,1989;Greenberg et al.,1990)。过去大量的研究已经表明,当一个人想到自身的死亡时,会引发他们的一种文化防御心态。例如,当死亡变得显著时,人们会倾向于赞同对那些违背社会传统标准的人的惩罚性反应(Rosenblatt et al.,1989),并鼓励对那些违反文化世界观的人的侵略行为(McGregor et al.,1998)。此外,死亡提醒所引发的防御性反应还包括对以一种不恰当的方式使用文化图标的不能容忍(Greenberg et al.,1995)。因此,当面临母国文化与外国文化的混搭时,处于死亡显著情境下的个体会尤其担心外国文化会威胁其母国文化,进而更可能会对文化混搭产生排斥性反应。

(6)个人价值观的肯定

根据恐惧管理理论可知,当人们面临存在焦虑时,将更有动机去保护母国文化的完整性与生命力,进而更可能将外国文化的影响看作一种威胁,从而导致他们对外国文化的影响产生负面反应。施迈歇尔和马顿斯(Schmeichel & Martens,2005)在研究中发现,自我肯定能够减轻存在焦虑的这种负面影响。因此,当文化威胁变得显著时,肯定个体的个人价值观应该也能够降低他们对外国文化影响的负面反应。有学者就在研究中对此进行了检验,研究者首先通过让被试对一系列的价值观和个人特质按照重要性进行排序,然后让他们写一个小短文,解释最重要的那几项如何在以后的时间里越来越占上风,以便进行个人价值观的自我肯定操控,而在控制组的被试则不用进行这项任务。然后,通过中国文化象征图片和美国文化象征图片的并列呈现来进行二元文化启动,之后让他们看一个商业计划,即关于一个纽约的儿童书籍出版商预备在北京建立一个地区总部以推广西方民俗学,再测试他们对该公司的反应。研究结果发现,在二元文化启动情境下,个人价值观肯定与被试对出版公司的拒绝之间存在一个显著的主效应,也即相比控制组情境下,当对个人的价值观进行肯定时,被试将对出版公司表现出更低程度的拒绝(Cheng,2010)。

二、人们对文化混搭的融合性反应的调节因素

对于哪些因素会调节消费者对文化混搭的融合性反应,学者们也进行了积极探讨。概括来说,现有研究也主要是从文化混搭刺激的特征及消费者的个体特征两个方面着手进行探讨。

1. 文化混搭刺激的特征

(1)内群体文化的卷入与否

因为文化象征是文化身份的携带者(Yang et al.,2016),所以,相对于两种外国文化象征的共现,一个母国文化象征和一个外国文化象征的共现会引发人们更消极的情绪。而这种消极情绪能够促进人们的创造性,所以,文化混搭中的内群体文化的卷入与否会调节文化混搭对个体的创造性表现的影响。有学者在研究中指出,曝光于两种不同文化面前时,会扩大文化之间的感知差异性与不兼容性,而面对文化之间这些明显的矛盾个体将会经历认知失调。这种认知失调经历会引发个体不愉快的情绪状态,转而驱动个体更深入地去理解、调和及整合这些文化差异,进而提高他们的创造力。而当文化混搭

中涉及自我相关的当地文化时,会加剧认知失调所引发的不愉快状态,进而增强个体去调和文化差异及去实现文化整合的动机,并提高他们的创造性表现。一组幻灯片并列展示的是当地文化图片和外国文化图片,而另一组幻灯片并列展示的是两种外国文化图片。之后测量被试观看后的情绪状态,并让他们完成一个广泛使用的创造力任务,即非常规用途测验。研究结果发现,相比同时曝光于两种外国文化面前,当同时曝光于当地文化和外国文化面前时,被试会明显产生更多数量的非常规用法,也即会显著增强流畅性。这就是说,相对于曝光于两种外国文化面前,曝光于当地文化和外国文化面前时会增强个体的创造性表现,尤其是构想的流畅性(Chen et al.,2011)。

(2)混搭的不同文化之间的相似性或差异性

创造性认知理论指出,不同知识系统的获得是创意产生的前兆(Finke et al.,1992;Ward et al.,1997)。这意味着,文化混搭如果要提高人们的创造力,混搭的文化之间就不能太相似。因为如果两种文化太相似的话,它们可能就不能提供与众不同的想法来支持个体的创造力。所以,消费者对混搭的不同文化之间的感知相似性或者差异性应该会调节消费者对文化混搭的融合性反应。例如,有研究借鉴新颖的动机认知观点,通过两个实验研究发现,只有当个体采用一种差异性的思维模式来加工彼此充分不同的文化刺激时,个体的创造性表现才会增强。实验一以新加坡大学的新加坡籍华人学生为被试,让他们观看一个10分钟的PPT幻灯片。高文化距离情境下描述的是中国文化和美国文化的不同方面,每张幻灯片上并排放置内容相互匹配的一张中国图片和一张美国图片;而低文化距离情境下描述的是中国文化和印度文化的不同方面,每张幻灯片上并排放置内容相互匹配的一张中国图片和一张印度图片。在看完幻灯片之后,让被试完成一项由 10 对目标构成的比较任务,然后测量他们的创造性表现。最后的研究结果发现:当被试曝光于高文化距离启动情境下时,更高的差异性思维模式水平会提高他们的创造性绩效;当被试曝光于低文化距离启动情境下时,差异性思维模式水平不会影响他们的创造性表现。实验二通过程序启动任务激活被试的比较思维模式,即让他们观看和对比两幅插图,然后写出它们的 10 个相似或不同之处。在这之后,还是通过让他们观看 PPT 幻灯片进行文化距离的操控,然后再完成创造性任务。最后,也得出了相同的研究结论,即当曝光于高感知文化距离情境下时,被启动差异性思维模式的被试会比被启动相似性思维模式的被试表现出明显更高的创造性。

同样,彭璐珞和谢天也得出了相似的研究结论,即相比差异性聚焦,相似性聚焦会降低人们对文化混搭产品的积极反应。根据先前的研究可知,创造性活动包括两个过程,即识别文化差异以及调和文化差异(Suedfeld et al.,1992;Tadmor et al.,2009)。而差异性聚焦能够促进第一个过程,因此能够提高个体的创造力表现。与此相反,相似性聚焦却会阻碍这第一个过程,因此会降低个体的创造力表现。

2. 消费者的个体特征

(1)消费者的死亡忧虑

现有研究已经指出,提醒人们死亡的不可避免性可能会增强他们对来自于自身文化的知识的依赖。根据恐惧管理理论可知,坚持文化共享的世界观能够保护人们免受关于死亡的存在主义恐惧威胁(Greenberg et al.,1997)。为了管理这种存在主义恐惧,个体常常认同他们自身文化的核心价值观和理念。通过拥抱在他们死后将会继续传承的文化价值观和理念,个体能够产生一种象征性不朽的感觉,从而会降低存在主义焦虑(Kashima et al.,2004)。同时,也有证据指出,当人们面临关于自身寿命长短的话题时,个体会对参与创造性活动感到内疚(Arndt et al.,1999)。这就会导致处于死亡显著性情境下的个体不愿意从其他文化借鉴新的想法,进而影响他们的创意生成过程,最终降低文化混搭对其创造力的提升作用。

例如,先前有研究以欧裔美国人为被试,通过调查他们一生中在国外居住过的时间比例、他们是否会说一门外语、他们的父母是否出生在美国以外的其他地方,以及他们曝光在美国文化之外的其他文化的程度等,来测量被试的多元文化经历。然后,让他们想象当他们死后他们的身体将会发生什么来进行死亡显著性操控,或者让他们描述牙疼的经历来进行控制组的操控。之后,让他们参与想法借鉴任务(idea sampling task),即为了扩展关于幸福的原始想法而从当地文化(即美国文化)或不熟悉的外国文化(中国和土耳其)借鉴想法的比例,并对这些想法做出评价。最后的研究结果发现,在控制组情况下,也即在低死亡显著性情境下,具有更多的多元文化经历的被试对来自外国的想法的评价会更加积极;而在死亡显著性情境下,被试的多元文化程度与他们对来自外国的想法的评价之间并没有关系。这意味着,当个体的死亡变得显著时,人们将更不愿意从外国义化中借鉴新的想法,而更倾向于固守原有的一些旧想法,这将导致他们创造力的下降。

(2)消费者的认知闭合需求

创新或创意生成往往要求人们打破惯性思维,即动摇程序化的知识结构,以增强一般难以触及的知识的可及性(Leung et al.,2008)。

这意味着,对坚定答案的渴望将会降低个体的创造力。而在有关社会动机研究的文献当中,这种对坚定答案的渴望被称为认知闭合需求。认知闭合需求关注的是立即抓住一个模糊问题的坚定答案的认知渴望,并"冻结"住那个答案而不考虑其他的替代答案(Kruglanski & Webster,1996)。现有研究指出,具有高认知闭合需求的个体倾向于认知保守和遵照文化习俗(Jost et al.,2003;Fu et al.,2007)。因为他们偏爱秩序和可预测性,对模糊性感到不舒服,而规范或惯例知识能够为他们提供被广泛接受的约定俗成的解决方案。因此,具有高认知闭合需求的个体会倾向于使用文化规范来指导他们的判断(Chiu et al.,2000)。这就意味着,当曝光于文化混搭面前时,相比低认知闭合需求者,高认知闭合需求者会表现出更差的创造力。

有研究发现,认知闭合需求会明显削弱多元文化经历对人们的创造性表现的积极影响(Leung & Chiu,2010)。在过去的研究中,常常使用时间压力来作为操控认知闭合需求的一种方法(Heaton & Kruglanski,1991)。已有研究指出,当处于时间压力下时,个体会渴望坚定的答案并且不喜欢含糊不清(Kruglanski & Webster,1996),他们也会渴望文化共识及倾向于展示出带有文化特征的社会知觉过程(Chiu et al.,2000),所以研究者在实验当中也通过时间压力来操控个体的认知闭合需求。实验以欧裔美国大学生为被试,通过测量在国外居住的时间、曝光于外国文化的程度等测量他们的多元文化经历,然后进行时间压力的操控。其中,在高时间压力情境下,告诉被试他们只有有限的时间完成任务,实验人员会定期提醒他们时间并提示他们需要快点完成任务;而在低时间压力情境下,实验人员向被试保证他们拥有充足的时间,提醒他们应该按照自己的节奏来完成任务,之后,让被试完成想法借鉴任务,即让被试从15个学者中选择他们准备借鉴其观点以助他们完成任务的学者。研究结果发现,当处于低时间压力情境下时,具有更广泛的多元文化经历的被试将更可能从不熟悉的文化中借鉴想法;而当处于高时间压力情境下时,将会削弱前述的效应。因为时间压力增强了被试的认知闭合需求,因此他们更可能拒绝来自其他文化的观点或想法。

研究还指出,认知闭合需求除了会调节文化混搭对个体创造力的影响外,还会调节文化混搭对组织变革接受性的影响。例如,有学者在研究中以中国管理人员为被试,先测量了他们的认知闭合需求,然后通过品牌标识加文化背景图片来进行文化启动(Fu et al., 2016)。其中,在中国文化启动情境下,被试看到的品牌标识是展示在一个中国文化象征的背景图上;在西方文化启动情境下,品牌标识是展示在一个西方文化象征的背景图上;在文化混搭情境下,被试看到的是展示在中国文化象征背景图上的品牌标识与展示在西方文化象征背景图上的品牌标识并列放置。之后测量被试对一项组织改革的接受程度,即让他们想象自己是一个一线客户主管,公司正计划改革薪资结构,即将基本工资和绩效工资的比例从原来的95%:5%分别调整为现在的45%:55%,让他们表明对这项新政策的接受程度。最后的研究结果发现,相比高认知需求的被试,文化混搭对低认知需求的被试对这种组织变革接受性的促进作用会更加显著。因为先前的研究指出,高认知闭合需求的个体如果在某个问题上先前就具有一个立场,那么他们将表现出较少的态度改变(Kruglanski et al., 1993)。而更重要的是,以往还有研究发现,个体的认知闭合需求越高,越不可能有效地应对组织变革(Kruglanski et al., 2007)。这意味着,高认知闭合需求的个体应该会将"现状"感知为一种安全的和现成的解决方案,在面对母国文化和外国文化的文化混搭时,会更可能坚守他们的传统文化(Fu et al.,2007),并将外国文化的输入看作对传统文化的一种威胁(Chao et al.,2009),这种思维保守性会降低对组织变革的接受性。

(3)消费者的思维开放性

麦道斯和加林斯基(2007)指出,对于居住在国外的人,他们适应外国文化的程度会在国外经历与创造性的影响之间起到一个显著的中介作用。对这种适应过程非常重要的一个变量就是经验开放性,据此推断,经验开放性应该也会促进创造性。由于更高经验开放性的个体也更善于接受新颖的理念或想法(Feist,1998;Feist & Brady,2004),因此,他们也能够更好地欣赏并使自己适应来自外国文化的新颖实践。而与此相反,当思想保守的个体曝光于不熟悉的文化面前时,他们可能会认为这些外国文化中的新颖观念和实践是压倒性和威胁性的,因此可能会抗拒这些观念或想法,并退回到他们自身文化的知识舒适区当中(Hong et al.,2007)。所以,相对低思维开放性的个体来说,高思维开放性的个体在曝光于文化混搭情境下时,会有更好的创造性表现。

例如,研究以欧裔美国大学生为被试时,在测量了他们的多元文化经历以及经验开放性后,又让他们完成两个创造力任务。其中,在第一个创造力任务中,让被试尽可能多地想出一个普通物体(如一个垃圾袋)的非常规用处,然后测量他们生成的非常规用法的数量(即流畅性)和用法类型(即灵活性)。而第二个创造力任务则是一个范例生成任务,评估的是被试从记忆中检索出一个领域中的非典型或一般难以想到的范例(如职业)的容易度。最后的研究结果表明,经验开放性和多元文化经历之间存在一个显著的交互效应。具体来说,对于思维相对开放的被试来说,那些具有更广泛的多元文化经历的人在生成垃圾袋的非常规用法中更加流畅和灵活,且会生出更多的一般人难以想到的职业范例。与此相反,对于那些思维保守的被试来说,曝光于多元文化经历面前会使他们在两个创造力任务中都表现得更差(Leung et al.,2008)。

先前关于文化混搭对个体创造力影响的研究中,默认的一点是不存在文化威胁。因此,后来就有研究率先探讨了存在文化威胁的情况时,个体的经验开放性对文化混搭之于创造力影响的调节作用。实验以中国大学生为被试,通过让他们观看一个15分钟的PPT幻灯片来展开测试。其中,在文化混搭曝光情境下,他们看到的是一张幻灯片上并列放着一张描述一个标志性的中国文化象征的图片和一张描述一张标志性的美国文化象征的图片;而在单一文化曝光情境下,他们看到的是一张幻灯片上放着一张描述中国文化象征或美国文化象征的图片。然后通过让被试阅读一篇文章对其进行文化威胁显著性操控。其中,在高文化威胁情境下,被试看到的文章内容主要描述的是西方文化的流入如何导致对中国文化的本质和生命力的侵蚀;而在低文化威胁情境下,被试看到的文章内容是关于西方文化和中国文化如何在现代中国和谐共存。之后,通过一个类比生成任务来测量被试的创造性绩效,即让被试构建三个关于幸福的比喻,并描述幸福和类比对象之间的连接,然后再测量他们的经验开放性。最后的研究结果表明,当文化威胁显著时,相比于低经验开放性的个体,高经验开放性的个体在曝光于文化混搭面前时会表现出更高的创造力(Chen et al.,2016)。

(4)消费者的文化价值观认可

肯尼斯等(Keh et al.,2016)以品牌名称翻译当中的文化混搭现象作为研究情境,结果发现,相比低自主价值观认可的二元文化个体,那些具有更高自主价值观认可的二元文化个体会对文化混搭的品牌名称翻译表现出更加有利的态度。

有学者指出,总共有三种把品牌名称翻译成中文的方法,即语音(语音学)、语义(语义学)和语音加语义(音意混译)(Zhang & Schmitt, 2001)。其中,语音学翻译是把单词或品牌名称从一种语言翻译成另一种基于它们的原始语音的语言,而不考虑它们的原始和新的意义,如将"McDonld's"翻译成"麦当劳";语义翻译是把品牌名称翻译成当地语言,通过保留它的原始名称的意义而不管它的语音读音,如将"Microsoft"翻译成"微软";音意混译翻译则涉及在保留原始名称的语音和意义的基础上翻译成另一种语言,如将"Pampers"翻译成"帮宝适"。除了作为一种声音和意义系统之外,语言也是一个重要的文化意义载体(Chiu et al.,2007)。二元文化个体会内化来自两种文化的价值观和实践,并通过观看、学习和使用一种特定的语言来提高关联的价值观、规范和决策规则的认知可及性(Hong et al.,2003)。因此,对于那些熟悉中国文化和西方文化的高度二元文化背景、受过良好教育的中国年轻消费者来说,将西方品牌名称翻译成不同类型的中文名称可能会引发不同的文化意义。这也意味着,从文化角度来看的话,语音翻译属于单一西方文化,语义翻译则属于单一中国文化,而音意混译则是中国文化和西方文化的文化混搭。

肯尼斯等在实验中以北京某大学的学生作为被试,并将他们随机划分进三个组当中,即向他们展示一个产品品牌的语音翻译、语义翻译或音意混译。其中,使用的产品品牌是以往研究中使用过的虚构的洗发水品牌"Sakin",语音翻译为"莎金",语义翻译为"丝净",而音意混译则为"净屑"。然后让被试评价自主价值观和保守价值观与品牌的关联性程度,并对品牌做出评价,之后再让他们评价8个自主价值观和9个保守价值观对他们的重要性。研究结果发现,相比于单一文化的语音或语义品牌名称翻译,具有高度二元文化背景的、受过良好教育的中国年轻消费者倾向于对结合自我重要性的自主性表达和保守的中国价值观的音意混译品牌名称翻译给予更高评价。而相比那些具有较低的自主价值观认可的个体来说,对文化混搭的品牌名称翻译的有利态度更可能出现在那些具有更高的自主价值观认可的个体之间。

  文化价值观指的是关于在社会中什么是好的、正确的和值得的内隐或明确共享的抽象观念(Schwartz,1999)。托雷利等在研究中指出,中国文化比西方文化会更多重视保守主义,而较少重视自主性(Torelli et al.,2012)。他认为,语音翻译只保留了西方品牌的声音而没有传递任何语义意义,所以会让中国消费者想起品牌的西方来源及关联的占主导的自主性文化价值观;而与此相反,语义翻译的意义能够很容易被解码成中文,而这可能会唤起与中国文化中的保守价值观的联系。最后,音意混译作为一种文化混搭刺激物,既包含中文的语义参考,又具有西方语言的语音参考,因而会分别引发中国消费者的保守和自主价值观。而二元文化背景的中国消费者趋向于精通外国语言,熟悉外国和国内品牌,以及高度的二元文化(Chiu et al., 2009; Zhang,2010)。现有研究指出,这样的二元文化主义会增强他们对不同文化的优势互补的欣赏,转而会促进他们对文化混搭的融合性反应(Leung et al.,2008)。

第六节 前人研究中的不足

随着全球化的发展,文化混搭现象变得越来越普遍,如何提高人们对文化混搭的接受程度,或者说,如何缓解甚至是消除人们对文化混搭的排斥性反应,就变得尤为重要。为此,学者们也积极地进行了较为深入的探讨。从以上有关文化混搭的研究回顾中可以看出,学者们主要是从两个方面着手进行了探讨,一是文化混搭刺激物的本身特征,二是消费者的个体特征。

首先,关于文化混搭刺激物的本身特征,既探讨了宏观层面上混搭文化的整体特征以及国家特征的影响,也探讨了微观层面上混搭的具体文化元素的特征及不同文化元素之间的具体混搭特征的影响。具体来说,现有研究不仅检验了宏观层面上混搭的不同文化元素的影响力大小及国家地位的高低对人们对文化混搭的排斥性反应的调节作用,还探讨了微观层面上混搭的不同文化元素的文化象征水平、所属的文化领域、相互之间的相似性或差异性程度及具体的混搭方式和混搭程度对人们对文化混搭的排斥性反应的调节作用。

其次,关于消费者的个体特征,现有研究则主要是从认知、动机以及价值观等方面进行了探讨。具体来说,现有研究表明,个体对母国文化、外国文化、全球文化等的认同程度,个体所持的是什么样的文化观念,个体的认知闭合需求及其高低,个体被启动的是怎样的认知思维定式,死亡对个体来说是否变得显著及个体的价值观是否得到肯定等,都会显著影响人们对文化混搭的排斥性反应。

从中可以看出两点。第一,虽然学者们对哪些因素会影响人们对文化混搭的排斥性或融合性反应进行了非常积极、主动的探讨,但对于究竟是什么因素决定了人们对文化混搭产生排斥性或是融合性反应,现有研究却并未进行深入的剖析。本书认为,文化象征或符号是文化身份的携带者(Yang et al., 2016),文化混搭将这些来自不同文化的象征或符号同时放在一起(Chiu et al., 2011),此时,消费者如何看待它们之间的关系可能就会决定他们对文化混搭的反应,尤其是当其涉及内群体文化时。因为文化具有重要的认同、存在判断和认知性功能(Cheng, 2010),所以人们本能地会去保护自身文化的纯洁性与连续性。因此,对于外国文化与母国文化的文化混搭,消费者对其所持态度可能主要取决于他们如何看待混搭的外国文化元素与母国文化元素之间的关系。第二,现有的研究大多是从文化混搭刺激物的设计特征及消费者的个体差异角度进行切入,却较少从企业营销传播的视角探讨如何削弱甚至是消除消费者对文化混搭刺激物的排斥性反应。因为消费者对产品的评价不仅会受到产品自身因素和消费者个体因素的影响,还会受到企业营销传播因素的显著影响(Homer & Yoon, 1992)。而在产品或品牌的营销传播过程中,"框架"是一个重要的概念,先前的研究已经表明,产品信息表述方式的差异会导致消费者对同一产品的评价产生明显的偏差(Chang, 2008)。因此,本书认为,在文化混搭产品的营销推广过程中,当企业从不同的角度来表述混搭的外国文化元素与母国文化元素之间的关系时,消费者对文化混搭产品的评价也会随之发生改变。

第三章 文化混搭反应的理论基础

第一节 框架理论

一、框架的定义

在早期的信息传播研究当中,学者们主要关注的是信息内容对人们的影响,却忽略了在传播的过程中信息的呈现方式对人们的影响。而框架就是基于以下这样的假设,即在新闻报道中一个问题如何被描述将会影响受众如何去理解它(Scheufele & Tewksbury, 2007)。

框架的定义可以追溯到心理学和社会学中的根源(Pan & Kosicki, 1993)。其中,框架的心理学起源于卡内曼和特维斯基的实验工作。他们检验了本质上完全相同的决策情境的不同呈现方式对人们的选择及对不同选项评价的影响(Kahneman & Tversky, 1979, 1984)。而框架的社会学基础则来源于戈夫曼和其他那些认为个体不能够完全理解世界并且持续不断地解释他们的生活经历和理解他们周围世界的人。为了有效地处理新信息,戈夫曼提出,个体会运用解释图式或基本框架对信息进行归类,并且对它们进行有意义的解释(Goffman, 1974)。因此,框架既是一个宏观层面的概念,也是一个微观层面的概念(Scheufele, 1999)。作为一个宏观概念,"框架"指的是新闻记者和其他沟通者用于呈现信息的模式,即用一种与他们的受众业已存在的基础图式产生共鸣的方式来呈现信息(Shoemaker & Reese, 1996)。而作为一个微观概念,"框架"描述的是人们如何使用信息和呈现特征来形成他们关于问题的印象(Scheufele & Tewksbury, 2007)。

有学者在综合前人研究的基础上提出,传播学者和政治学者一般以两种方式来使用"框架"这个术语(Chong & Druckman, 2007)。第一,传播的一种框架或者一种媒介框架,指的是一个发言人(如一个政客、一个媒体机构)在向一个受众复述关于一个问题或事件的信息时所使用的措辞、图片、短语及陈述风格(Gamsona & Modigliani, 1987,1989)。选择的框架揭示出发言人认为什么是与主题相关的。第二,思考的一种框架指的是一个个体对一个给定情境的认知与理解(Goffman, 1974)。不同于传播框架反映的是一个发言人的重点,思考框架指的是一个受众相信什么是一个问题最重要的方面。从中可以看出,传播框架和思考框架的划分其实与框架作为宏观概念和微观概念的本质都是一样的,即传播框架主要对应于框架的宏观概念,而思考框架则主要对应于框架的微观概念。

恩特曼(Entman, 1993)认为,框架本质上涉及的是选择和突出,即挑选一个感知现实的某些方面,并使它们在传播文本中变得更加显著,以这样一种方式来促进对一个特定问题的定义、因果解释、道德评价及对所描述问题的处理建议。弗雷瑟(Vreese, 2005)则指出,凭借强调一个主题的某些元素而不是其他元素,一种框架可以提供一种方法去理解一个事件或一个问题。综上所述,框架其实就是传播者对事件的众多因素进行取舍后再组合并在传播文本中给予突出,以促进受众按照传播者预想的方向对事件进行理解的一种存在。

二、框架效应的存在

作为传播学研究中的一个关键概念,框架经常被运用在内容分析中,以检验在新闻传播文本或非新闻传播文本(如组织新闻发布会、医疗保健信息等)中问题如何被描述,并通过实验研究详细阐述新闻框架或信息框架如何改变人们的认知反应、态度和行为意向(Han & Wang,2012)。

关于框架如何通过选择和强调现实的一些特征而忽略其他特征来影响人们的反应,卡内曼和特维斯基的研究可以说是提供了被广泛引用的经典范例。具体来说,研究者在研究中让被试阅读以下实验情境并做出选择。"想象一下,美国正在为一场不同寻常的疾病的暴发做准备,预测可能会引起600人的死亡。现在已经提出两个对抗疾病的可供选择的方案。假设采用每个方案的后果的精确科学估计如下所示:如果采用方案A,将有200人获救;而如果采用方案B,三分之一的可能是600人全部获救,三分之二的可能是无人可以获救。请问你更支持哪一个方案?"最后的实验结果发现,72%的被试选择了方案A,而28%的被试选择了方案B。而在第二个实验中,提供的是相同的描述情境及完全相同的选项,但采用的是可能的死亡人数而不是可能的获救人数的信息表述框架。如果采用方案C,400人将会死亡;而如果采用方案D,三分之一的可能是没有人会死亡,三分之二的可能是600人都将会死亡。实验结果发现,因为采用了不同的框架,选择每个选项的比例发生了逆转。其中,选择方案C的比例是22%,而与其完全相同的方案A的被选择比例是72%;而方案D获得了78%的支持比例,与其完全相同的方案B却只获得了28%

的支持比例。从中可以看出,两个实验中所描述的情况是完全相同的,但不同框架(死亡框架 vs.存活框架)的采用却引发了人们明显的决策倾向差异。研究者将这种因为对同一事件或问题的描述差异而导致的受众的不同决策判断叫作框架效应。

在这之后,有众多的研究都证明了框架效应的存在。例如,在西方一项"党派聚会实验"中,尼尔森等(Nelson et al.,1997)对于"党派聚会和发表演讲"这一事件分别按照"言论自由框架"和"公共秩序框架"进行叙述报道。其中,"言论自由框架"强调的是党派成员向公众发表演讲的权利,以及他们的支持者倾听党派言论的权利;而"公共秩序框架"突出的是在聚会期间可能爆发的骚乱,并把警察手持防爆装备的图片纳入其中。最后的实验结果发现,相比那些处于公共秩序框架情况下的被试,处于言论自由框架情况下的被试会对党派聚会和发表演讲表现出更高程度的容忍。研究者指出,这是因为新闻框架会影响对该党派的容忍性与其他相关观点之间的联系(Nelson & Kinder, 1996)。两种新闻框架通过将问题建构成与一个单一的价值观(言论自由或维持公共秩序)尤其相关,进而影响个体在处理模糊信息时考虑哪种因素应该在观点中占主导。这意味着,在言论自由框架情况下,对公民自由权尤其是言论自由的态度应该与对该党派的容忍性更为相关,所以人们的容忍性会更高;而在公共秩序框架情况下,对政府在维持公共秩序上的努力的态度与对该党派的容忍性更为相关,所以人们的容忍性会更低。

框架效应通过在传播文本中突出社会现实的一个特定方面,进而在某种程度上影响人们的问题认知和判断,这就是框架效应(Entman, 1993; Vreese, 2005)。这种框架效应在众多学科领域中都得到了充分的验证,不仅是在认知心理学(Bateson,1972;Tversky & Kahneman,1981)、传播学(Pan & Kosicki,1993;Scheufele,1999)和政治学(Schon & Rein,1994;Triandafyllidou & Fotiou,1998)当中,在经济学和管理学等其他学科领域也得到了证实。

三、营销领域中的框架效应

在营销领域中,学者们对于框架效应对消费者的心理与行为的影响也进行了诸多的研究。例如,加纳和卡尔萨希检验了信息框架对现实生活中消费者购买行为的影响。他们通过信用卡公司向那些三个月都未使用信用卡的顾客发送信函,说明信用卡的益处;或通过使用信用卡的获利向顾客进行解释;或通过不使用信用卡的损失向顾客进行劝说。实验结果表明,相比收益框架模式,损失框架模式会引发更多的顾客开始使用信用卡并且导致明显更高的消费金额(Ganzach & Karsahi,1995)。帕克等(Park et al.,2000)则在研究中探讨了决策框架对消费者的产品选择的影响,研究者以汽车定制为研究情境,分别采用删减选项框架和增加选项框架来让被试决定汽车的各项配置。其中,在删减选项框架情况下,只给定被试基础模型,并告诉他们可以增加他们想要的选项直至完整模型;而在增加选项框架情况下,给定被试完整模型,并告诉他们可以删减不想要的选项。实验结果发现,当采用删减选项框架时,被试选择的产品选项数目及总价格都要高于采用增加选项框架情境。金立印等(2009)以服务定制为研究情境也得出了相同的研究结论。研究者让被试选择移动通信服务套餐,也采用增加选项框架和删减选项框架来让被试决定套餐包含的各项附加业务。实验结果也发现,相比增加选项框架情况,被试在删减选项框架情况下会选择更多数量和更高总金额的附加业务。

不同框架策略的采用除了会影响消费者的行为决策外,还会影响消费者对价格的感知。例如,有研究探讨了降价的表达方式对消费者感知降价幅度的影响,结果发现:对于高价商品,相比按百分比计算的降价框架,按美元计算的降价框架会让被试感到更大的降价幅度;但对于低价商品来说,则正好相反(Chen, et al., 1998)。而张黎等(2007)在前人研究基础上引入了降价幅度这一变量。最后的研究结果表明,与前人的研究结论一致的是,对于低价商品来说,当降价幅度大时,百分比的降价框架比绝对金额降价框架会使被试感到更大的降价幅度。而不一致的则是,当降价幅度小及对于高价商品来说,两种降价框架对被试的降价幅度感知没有影响。虽然两者得出的研究结论有所出入,但都证实了不同的降价框架策略的采用会影响人们对降价幅度的感知。霍姆伯格等(Homburg et al., 2010)则探讨了不同的涨价框架对消费者未来购买行为的影响。研究结果发现,相比绝对数值的涨价表述方式,百分比的涨价表述方式将导致一个更低的未来购买可能性。

现有研究指出,在品牌或产品信息的战略传播中,"框架"也是一个重要的概念。当采用积极框架对品牌或产品信息进行表述时,消费者对品牌或产品的评价要明显高于采用消极框架时。例如,莱文和格特(Levin & Gaeth, 1988)在研究中,对于同样的碎牛肉分别采用"75%的瘦肉"和"25%的肥肉"来进行描述,然后测量被试对碎牛肉的味道、油腻性、质量和肥瘦的评价。研究结果发现,当采用"75%的瘦肉"的框架标签时,被试对碎牛肉的评价要明显高于采用"25%的肥肉"的框架标签时。还有研究检验了在产品广告中采用积极的信息框架和消极的信息框架分别对消费者对广告和品牌态度的影响。结果发现,相比采用消极的信息框架,当采用积极的信息框架时,消费者对广告的可信度、喜爱度及对品牌的态度都会表现出更加有利的评价(Chang,2008)。而韩刚和王秀丽(2012,2015)则研究了关于"中国制造"的积极和消极框架新闻报道对美国受众的中国产品评价的影响。结果发现,相比消极框架,当采用积极框架进行报道时,美国人对中国制造的评价将更高。

综上所述,框架理论认为,在传播文本中不同框架策略的采用会引发消费者明显差异化的反应。

第二节 恐惧管理理论

恐惧管理理论(Terror Management Theory)指出,人们对死亡必然性的认识会导致他们对死亡的恐惧,这是人类需要管理的终极焦虑(Becker,1962;张阳阳、佐斌,2006)。而随着认知能力的发展,人类发展出了赋予宇宙以秩序、意义及永恒的文化世界观来应对这种死亡或存在主义焦虑(Becker,1973,1975)。相信一个人可以通过成为一种文化中的一个重要成员而获得象征意义上的不朽,即尽管一个人的生理自我会毁灭,但知道一个人的文化将会继续存在有助于缓解存在主义恐惧(Greenberg et al.,1992)。文化可以为管理存在主义焦虑提供一种缓冲,因此,个体就具有保护他们的文化生命力的动机和理由(Rosenblatt et al.,1989;Greenberg et al.,1990)。

现有研究表明,当死亡的想法变得显著时,人们对违背或攻击他们文化中的主流世界观的人将变得更加不能忍受。例如,格林伯格等(Greenberg et al.,1990)的研究发现,当死亡变得显著时,会增强人们对内群体成员的积极评价和对外群体成员的消极评价。阿恩特等(Arndt et al.,1997)也通过实验研究得出了相似的研究结论,即当对人们进行死亡提醒时,会导致他们对赞扬他们文化世界观的人做出更加有利的评价,而对那些挑战他们文化世界观的人做出更加不利的评价。而麦格雷戈等(Mcgregor et al.,1998)在研究中通过让被试描写关于他们自己的死亡或一个控制主题来对死亡显著性进行操控,然后展示给他们一个诋毁或没有诋毁他们政治观点的目标人物,之后让被试选择目标人物将要消费的辣椒酱的量。结果正如研究者所料,处于死亡显著情境下的被试会分配一个尤其大分量的辣椒酱给威胁他们世界观的目标人物。另外,研究还发现,就算是在亲密关系当中,依然存在上述的效应。例如,斯特拉曼和希尔(Strachman & Schimel,2006)以266个正处于恋爱关系中的大学生为被试,将他们随机分配到死亡显著组和控制组,然后对他们进行世界观的启动,即让他们描述他们与恋人之间的相似性或差异性,在这之后,让被试描述他们对恋人的承诺水平。最后的结果表明,如果被试先考虑的是他们与恋人之间的世界观差异,死亡显著性会降低他们对恋人的承诺感。

综上所述,根据恐惧管理理论可知,个体具有保护他们的母国文化的完整性与连续性的存在主义倾向,因此,当个体感知到外国文化有可能威胁他们的母国文化时,可能会产生对外国文化的防御性、排斥性反应。

第三节 社会认同理论

泰弗尔(Tajfel,1974)指出,社会认同是个体的自我概念的一部分,指的是个体认识到自我属于特定的社会群体,同时也认识到该群体成员身份所带给自己的情感和价值意义。而社会认同理论(Social Identity Theory)认为,个体通过将自己进行社会分类,然后对自己所属的群体产生认同,因为他们需要通过实现或维持积极的社会认同来提供自尊,而积极的自尊来源于内群体与相关外群体的有利比较中,这就会导致内群体偏好和外群体贬损(Turner, 1981; Tajfel, 1982)。

根据社会认同理论,个体会从他们所属的社会群体的积极特征中获得自尊(吴莹,2015)。因此,当一种社会身份显著时,人们会努力增强内群体的积极特征及贬损外群体(Cheng,2010)。而更重要的是,赛迪基德和格雷格(Sedikides & Gregg, 2008)在研究中指出,当内群体的生命力受到威胁时,个体会通过各种行为来努力保护他们的内群体,以免他们的自尊受到某些可能的潜在损失。具体来说,当一种社会认同受到威胁时,个体会通过做出支持内群体的归因(Islam & Hewstone, 1993)、成果分配(Otten et al., 1996)和特性评价(Bettencourt et al., 1997)来肯定他们的认同。个体也可能通过更强烈的认可内群体的规范性价值以维护他们的群体认同。例如,杰顿等(Jetten et al., 2002)在研究中,以阿姆斯特丹大学的心理学专业学生为被试,先通过一则"大部分的心理学学生感知他们的个人目标比集体目标更重要(或集体目标比个人目标更重要)"的信息来操控个人主义或集体主义的群体规范,然后通过告诉他们其学术表现劣于(优于)其他学校的同专业学生,并在下一年也不会有太大的改善(会表现得很好),以及相比国家平均水平,他们完成学位的速度稍微慢(快)一些而且有很多(很少)中途退学的人,并且在就业市场的前景也比国家平均水平稍微差(好)一些,以此来操控他们的群体认同威胁,然后让他们评价"个人主义或集体主义"对不同层次认同的影响。研究结果发现,当被试的群体认同受到威胁时,他们会更认同所属群体的群体规范,即在个人主义群体规范的情况下更认同个人主义,而在集体主义群体规范的情况下更认同集体主义。此外,当个体认同的群体文化受到威胁时,他们还会通过文化强化行为来肯定和保护文化的生命力。例如,布里和贾尔斯(Bourhis & Giles, 1977)的研究发现,当威尔士人偶然听到对有关威尔士语生命力的不利评论时,那些重视威尔士身份的人会通过说带有更浓的威尔士口音的英语来对它进行肯定。

综上所述,根据社会认同理论可知,当个体感觉他们的当地文化受到威胁时,将会保护当地文化的完整性与生命力,导致的结果就是,他们更可能抵制外国文化的渗透,并且限制外国文化影响当地文化的程度。

根据框架理论可知,在品牌或产品的营销传播过程中,采用不同信息表述框架策略会使消费者对品牌或产品的评价产生明显的偏差。因此,在文化混搭产品的营销传播过程中,当企业采用不同的信息框架策略来表述混搭的不同文化元素之间的关系时,消费者对文化混搭产品的评价也会随之发生改变。先前的研究指出,当母国文化与外国文化进行混搭时,母国文化就有可能受到外国文化的威胁或入侵。根据恐惧管理理论与社会认同理论可知,个体具有保护他们的母国文化的完整性与生命力的存在主义及社会认同倾向,因而他们可能会对文化混搭产生排斥性反应。所以,我们推断,采用不同文化混搭信息框架策略之所以会导致消费者对文化混搭产品的差异化评价,可能因为他们感知到了不同程度的外国文化对母国文化的威胁或入侵。

具体来说,当企业采用不同的文化混搭解释策略来表述混搭的外国文化元素与母国文化元素之间的关系时,将会引发人们对混搭的不同文化元素之间的关系产生明显不同的感知,进而导致他们对文化混搭产品产生明显差异化的评价,其中的内在作用机制可能是消费者感知到的外国文化对母国文化的威胁或入侵程度。此外,我们还探讨了这种不同文化的混搭解释策略对消费者的文化混搭产品评价的差异化影响效应可能存在的两个边界条件,即消费者的比较焦点及文化会聚主义信念水平。接下来,我们将提出本书的研究假设与模型。

第四章 研究模型与假设演绎

第一节 研究模型的提出

基于框架效应、恐惧管理理论及社会认同理论,结合现有文献,我们提出了本书的研究模型,如图4-1所示。其中,自变量为企业的不同文化混搭解释策略,中介变量为消费者的感知文化入侵,因变量为消费者的文化混搭产品评价。另外,还有两个调节变量,即消费者的比较焦点和文化会聚主义信念水平。

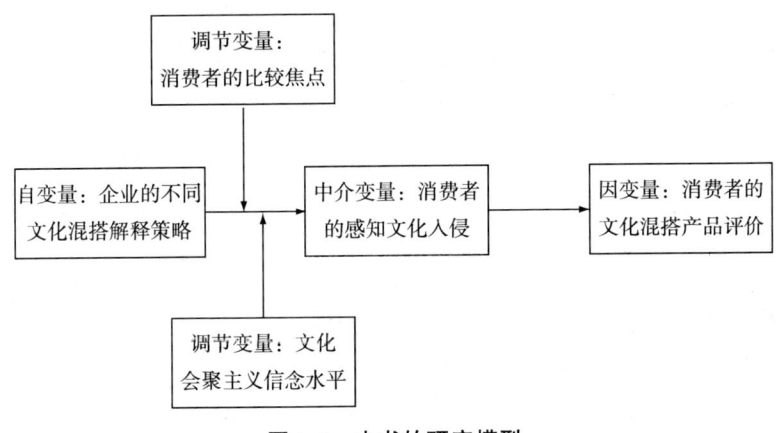

图4-1 本书的研究模型

我们推断,在文化混搭产品的营销推广过程中,当企业采用不同的解释策略来表述混搭的外国文化元素与母国文化元素之间的关系时,消费者对文化混搭产品的评价将会产生明显的差异,而感知文化入侵在其中起着中介的作用。另外,上述主效应可能还存在两个边界条件,即消费者的比较焦点和文化会聚主义信念水平。接下来,我们将进行详细的假设逻辑推导与演绎。

第二节 研究假设的推导

一、文化混搭解释策略对消费者的文化混搭产品评价的影响

混合产品指的是同时具备不止一种产品类别的突出特征或属性的一类产品(Gibbert & Mazursky,2009;汪涛等,2013)。从该定义可以看出,混合产品同时具有不同的产品类别的突出属性或特征。对于涉及的不同产品类别之间的关系,现有研究指出,消费者将主要通过两种不同的解释策略来对其进行信息加工:一是关系解释策略,二是属性解释策略(Rajagopal & Burnkrant,2009)。其中,属性解释策略主要强调的是,混合产品中的一种产品类别的一个或多个属性,以某种方式映射到另一种产品类别之上;而关系解释策略主要强调的是,混合产品当中涉及的一种产品类别和另一种产品类别之间可能存在的某种主题关系(Wisniewski,1996;Wisniewski & Love,1998)。拉加歌帕和伯恩斯兰特(Rajagopal & Burnkrant,2009)的研究则认为,当采用属性解释策略进行解释时,因为它主要聚焦于产品类别的属性之上,强调一种产品类别的某一或某些属性转移到了另一种产品类别之上,因而更容易让消费者产生一种产品类别改变了另一种

产品类别的感知;当采用关系解释策略进行解释时,因为它关注的焦点在于作为一个整体的产品类别,只是试图以某种内在关系将一种产品类别与另一种产品类别联系在一起,并没有相关属性从一种产品类别转移到另一种产品类别之上,因而较不可能让消费者产生一种产品类别改变了另一种产品类别的感知。文化混搭产品作为一种特殊的混合产品,因为同时包含了来自不同文化的象征、符号或元素(Chiu et al., 2011),对于混搭的这些不同文化元素之间的关系,我们认为也可以采用上述的两种不同解释策略来对其进行表述。

因此,根据前述的混合产品的相关研究,本书推断,当采用属性解释策略来表述混搭的外国文化元素与母国文化元素之间的关系时,即强调外国文化元素的某一或某些特征映射到了母国文化元素之上,将引发消费者产生外国文化"改变"了母国文化的感知。此时,母国文化的完整性与生命力就有可能受到外国文化的威胁或侵蚀,从而降低消费者对文化混搭产品的评价。当采用关系解释策略来表述混搭的外国文化元素与母国文化元素之间的关系时,即强调外国文化元素与母国文化元素之间存在某种主题关系时,外国文化元素的相关特征或属性并未转移到母国文化元素之上,这会削弱消费者对母国文化的完整性与生命力受到了外国文化的威胁或侵蚀的感知,从而会提高消费者对文化混搭产品的评价。综上所述,相比于采用关系解释策略来表述混搭的外国文化元素与母国文化元素之间的关系,当采用属性解释策略来进行表述时,消费者对文化混搭产品的评价将明显更低。

研究假设1:相比于采用关系解释策略,当采用属性解释策略来表述混搭的外国文化元素与母国文化元素之间的关系时,消费者对文化混搭产品的评价将更低。

二、感知文化入侵的中介作用

文化混搭产品涉及来自两个或更多国家的文化象征的同时呈现。现有研究表明,两种或两种以上来自不同文化的象征或符号的同时呈现,会通过一种知觉对比效应引发个体对不同文化之间差异性的关注,进而扩大他们对不同文化的感知差异性(Chiu et al.,2009)。这种感知差异再加上情境所诱发的文化抗辩心态,即担心外国文化对母国文化的威胁或侵蚀,就会引发个体对文化混搭的排斥性反应(Li et al.,2013)。排斥性反应是一个人感知自身的传统文化的完整性和生命力受到威胁而产生的一种情绪性、反射性反应,它反映的是一种文化保护的心态(Chiu et al.,2011)。因为文化有着重要的认同、存在判断和认知功能(Cheng,2010;Torelli et al.,2011),因此,保护文化纯洁性与连续性的需求是人类的一种本能,由人类的潜意识自卫系统所驱动(Kashima et al.,2004;Chiu et al.,2011;Cui et al.,2016)。一旦消费者感知到母国文化的纯洁性与连续性受到外国文化的入侵,便会产生对外国文化及文化混搭现象的排斥性反应。

根据拉加歌帕和伯恩斯兰特(Rajagopal & Burnkrant,2009)的研究可知,当采用属性解释策略来表述混搭的外国文化元素与母国文化元素之间的关系时,因为它主要强调的是外国文化元素的某一或某些特征转移到了母国文化元素之上,这就会引发人们关于外国文化元素"改变"了母国文化元素的感知。此时,母国文化的完整性与生命力受到了外国文化的威胁或侵蚀。根据上述有关文化混搭的研究可知,这将会引发人们的文化保护心态,从而会降低他们对文化混搭产品的评价。当采用关系解释策略时,因为只是强调混搭的外国文化元素与母国文化元素之间存在着某种主题关系,它就较不可能引发外国文化元素"改变"了母国文化元素的感知。此时,母国文化的完整性与生命力就较不可能受到外国文化的威胁或侵蚀。这会削弱人们的文化保护心态,进而提高他们对文化混搭产品的评价。综上所述,企业的不同文化混搭解释策略通过影响消费者的文化入侵感知而影响他们对文化混搭产品的评价。

研究假设2:感知文化入侵中介了企业的文化混搭解释策略对消费者的文化混搭产品评价的影响。

三、消费者比较焦点的调节作用

先前的营销相关研究指出,一种产品只有被消费者感知为具有了与它所属的类别明显不同的属性时,才会被子类别化,即会被消费者感知为一个独特的类别成员(Sujan & Bettman, 1989)。拉加歌帕和伯恩斯兰特在研究中也指出,只有当消费者感知到一种产品类别与另一种产品类别存在明显差异,且混合产品采用属性解释策略时,才会使消费者产生一种产品类别属性改变了另一种产品类别的感知。这就意味着,对于采用属性解释策略来表述外国文化元素与母国文化元素之间关系的文化混搭产品来说,只有当个体感知到进行混搭的外国文化元素与母国文化元素之间存在明显差异时,才会产生外国文化元素改变了母国文化元素的感知;而当消费者感知到混搭的两种文化元素之间存在明显相似性时,则较不可能产生外国文化元素改变了母国文化元素。

现有的文化混搭研究已经表明,当个体曝光于文化混搭面前时,会促使他们聚焦于混搭的不同文化之间的差异性上,进而扩大文化之间的感知差异性(Torelli et al.,2011;Li et al.,2013)。消费者比较焦点能够促使个体更多地去关注不同文化之间的差异性或相似性,进而增强文化之间的感知差异性或相似性。例如,马斯维勒和达弥施(Mussweiler & Damisch,2008)的研究就发现,当启动消费者的相似性聚焦时,他们会更关注比较目标(如外国文化)和标准(如母国文化)之间的相似性;而当启动差异性聚焦时,他们则会更关注比较目标和标准之间的差异性。先前的研究则指出,当促使个体聚焦于两种文化之间的相似性时,会降低他们对文化之间差异性的感知;当启动个体的差异性聚焦时,则会提高他们对文化之间差异性和不兼容性的感知。

据此,本书推断,当启动消费者的差异性聚焦使外国文化元素与母国文化元素之间的感知差异性增大时,若采用属性解释策略来表述混搭的外国文化元素与母国文化元素之间的关系,即强调外国文化元素的某一或某些属性映射到了母国文化元素之上,会引发消费者产生外国文化元素"改变"了母国文化元素的感知,进而增强他们的文化入侵感知,从而降低他们对文化混搭产品的评价;若采用关系解释策略来进行表述,即强调混搭的外国文化元素与母国文化元素之间可能存在某种关系时,即使让消费者聚焦于两种文化元素之间的差异性,也较不可能引发外国文化元素"改变"了母国文化元素的感知,因而会提高他们对文化混搭产品的评价。因此,当启动消费者的差异性聚焦时,他们对采用属性解释策略的文化混搭产品的评价将会明显低于采用关系解释策略时。当启动消费者的相似性聚焦时,因为感知外国文化元素与母国文化元素之间的差异性明显降低,因而会出现这两种情况:当采用属性解释策略来表述混搭的文化之间的关系时,会降低外国文化元素"改变"了母国文化元素的感知,进而削弱消费者的文化入侵感知,从而提高他们对文化混搭产品的评价;当采用关系解释策略来进行表述时,由于只是强调混搭的外国文化元素与母国文化元素之间存在某种主题关系,因而让消费者聚焦于混搭的两种文化元素之间的相似性对其也并无明显影响。综上所述,当启动消费者的相似性聚焦时,他们对采用属性解释策略和关系解释策略时的文化混搭产品的评价之间将不会存在显著差异。

研究假设3:当启动消费者的差异性聚焦时,他们对采用属性解释策略时的文化混搭产品的评价要明显低于采用关系解释策略时的评价。

研究假设4:当启动消费者的相似性聚焦时,他们对采用属性解释策略和关系解释策略时的文化混搭产品的评价之间将没有显著差异。

研究假设5:感知文化入侵中介了企业的文化混搭解释策略和消费者的比较焦点对文化混搭产品评价的交互影响。

四、文化会聚主义信念的调节作用

现有的文化混搭研究指出,当消费者感知到外国文化有可能威胁或侵蚀母国文化的完整性与生命力时,就可能会产生对外国文化和母国文化混搭的排斥性反应(Chiu et al., 2011)。这意味着,当采用属性解释策略来表述混搭的外国文化元素与母国文化元素之间的关系时,消费者必须将外国文化元素对母国文化元素的"改变"感知为一种文化威胁或入侵。只有这样,他们对文化混搭产品的评价才会明显低于采用关系解释策略时的评价。消费者的文化会聚主义信念有可能影响消费者将不同文化之间的相互作用或者相互影响看作一种文化威胁或入侵。

文化会聚主义认为,文化并非是从诞生的时候开始就保持一成不变的,而是会随着时间的推移进行持续演变,且文化也并不是孤立存在的,不同文化之间是会相互作用及相互影响的。因此,没有哪一种文化是完全土生土长的,所有文化本质上都是多种文化互动、作用和融合的产物(Prashad, 2009; Morris et al., 2015)。从中我们可以看出,文化会聚主义倾向于将一种文化对另一种文化的作用或影响看作文化发展当中的一种正常现象。另外,相关研究也已经表明,持有文化会聚主义信念的个体将会更加乐意与外文化群体进行互动与交流。例如,伯纳多等(Bernardo et al., 2013)的研究指出,持有文化会聚主义信念的个体将更渴望与外文化群体成员做朋友;而罗森塔尔等(Rosenthal et al., 2015)的研究则发现,持有文化会聚主义信念的个体将更可能接受信仰伊斯兰教的美国移民。从这些研究可以看出,持有文化会聚主义信念的个体更不可能将外文化的进入与影响看作对内文化的一种威胁或入侵。

据此,我们推断,当个体持有高文化会聚主义信念时,因为他们倾向于将不同文化之间的相互作用或相互影响看作促进文化发展的一种正常现象,因而,当采用属性解释策略来表述混搭的外国文化元素与母国文化元素之间的关系时,即强调外国文化元素"改变"了母国文化元素,对于这种"改变",他们将较不可能将它看作一种文化威胁或入侵,而更可能将其看作文化之间的一种互动或交流,因而会提高他们对文化混搭产品的评价。当采用关系解释策略时,因为只是强调外国文化元素与母国文化元素之间存在某种主题关系,所以个体原本就更倾向于将其看作一种文化之间的互动与交流。因此,对于持有高文化会聚主义信念的消费者来说,他们对采用属性解释策略和关系解释策略时的文化混搭产品的评价之间不会存在显著差异。然而,当个体持有低文化会聚主义信念时,当采用属性解释策略即强调外国文化元素"改变"了母国文化元素时,对于这种"改变",他们将更可能将其看作一种对母国文化的威胁或入侵,因而会降低他们对文化混搭产品的评价。因此,我们提出,当消费者持有低文化会聚主义信念时,他们对采用属性解释策略的文化混搭产品的评价将明显低于采用关系解释策略时。

研究假设6:当消费者持有的是低文化会聚主义信念时,他们对采用属性解释策略时的文化混搭产品的评价将明显低于采用关系解释策略时。

研究假设7:当消费者持有的是高文化会聚主义信念时,他们对采用属性解释策略和关系解释策略时的文化混搭产品的评价之间将没有显著差异。

研究假设8:文化混搭解释策略和文化会聚主义信念的交互作用,将通过影响消费者的文化入侵感知进而影响他们对文化混搭产品的评价。

第五章　企业解释策略对文化混搭产品评价影响的实证研究

第一节　企业解释策略对文化混搭产品评价的主效应

本节实验一的主要目的是检验企业的不同文化混搭解释策略（属性解释 vs. 关系解释）对消费者的文化混搭产品评价影响这一主效应。本书认为，在表述混搭的外国文化元素与母国文化元素之间的关系时，当采用属性解释策略强调外国文化元素的某一个或某些特征映射到了母国文化元素上时，消费者对文化混搭产品的评价将明显低于采用关系解释策略时，即只是强调混搭的外国文化元素与母国文化元素之间存在某种主题关系。

一、预实验

在确定了选择自由女神和剪纸的混搭作为本实验当中的文化混搭产品后，本书根据属性解释策略和关系解释策略的概念定义分别拟定了对"自由女神剪纸"的属性解释和关系解释。具体来说，在属性解释策略情况下，我们将它解释为"自由女神剪纸是一款融合了自由女神特征的剪纸"，即强调剪纸具有了自由女神的特征；而在关系解释策略情况下，将它解释为"自由女神剪纸是一款剪成了自由女神式样的剪纸",即强调自由女神不过是剪纸的一个式样而已。为了确认我们对不同解释策略的操控是成功的,我们在正式实验开始前进行了一个预实验。

具体来说,首先,本书对"混合产品"的概念进行了解释。为了让被试更好地理解,本书还举例进行了说明,如"报纸宣传册"就是一种混合产品,因为它同时涉及了"报纸"和"宣传册"这两种产品类别。其次,又对混合产品的两种解释策略,即属性解释策略和关系解释策略进行了概念阐述,并举例进行说明。属性解释策略强调的是一种产品类别特征或属性映射到了另一种产品类别之上,如"报纸宣传册"解释成"一种像报纸一样大的宣传册",强调的是这种宣传册的大小跟报纸一样,即宣传册具有了报纸的特征。关系解释策略强调的则是一种产品类别和另一种产品类别之间的一种主题关系,如"报纸宣传册"解释成"一种嵌入在报纸里面的宣传册",强调的是这种宣传册放在了报纸里面,即宣传册和报纸只是内容与载体的关系。最后,本书让被试根据以上内容评价拟定的两种产品介绍是偏向于属性解释还是关系解释(1=肯定是属性解释,7=肯定是关系解释)。

试验总共招募了73名本科生参与测试。其中,男生34名,女生39名,平均年龄为20.90岁。平均来说,每一种产品介绍大约有35名被试进行评价,达到了实验法的一般要求。对回收的数据我们进行了单因素方差分析,最后的分析结果表明,"自由女神剪纸是一款融合了自由女神特征的剪纸"与"自由女神剪纸是一款剪成自由女神式样的剪纸"相比,前者明显更偏向于属性解释,而后者则更偏向于关系解释($M_{前者}$=3.36,SD=1.74;$M_{后者}$=4.49,SD=1.73,$F(1,71)$=7.683,p=0.007<0.01)。这就说明,我们对不同解释策略的操控是成功的。

二、实验设计与步骤

1. 实验设计与被试

本书在中国中部、南部和北部高校共招募了87名本科生和研究生参与实验,其中男生42名,女生45名,平均年龄为20.72岁。然后,将他们随机分配到属性解释策略组和关系解释策略组这两个实验组当中,平均每组的被试人数超过40名,达到了实验法的一般要求。

2. 实验步骤与刺激物

邀请被试参与一项名为"大学生的产品态度调查"的研究,即评价某跨国公司在中国市场上推出的一款新产品。本书向被试提供了这个新产品的图片和简单的产品介绍,然后要求被试根据这些产品信息认真回答之后的问题。

实验中被评价的文化混搭产品使用的是自由女神(美国文化象征)和剪纸(中国文化象征)的混搭(见附录A),并根据拉加歌帕和伯恩斯兰特对混合产品的不同解释策略的启动方法,通过改变产品介绍来操控不同的文化混搭解释策略。具体来说,在属性解释策略情况下,被试看到的是一张自由女神剪纸的新产品图片,其下还附带有一句简单的新产品介绍,即"自由女神剪纸是一款融合了自由女神特征的剪纸"。而在关系解释策略情况下,被试看到的是同样的一张新产品图片,不过其下附带的一句话产品介绍改为"自由女神剪纸是一款剪成了自由女神式样的剪纸"。

然后,让被试对文化混搭产品做出评价,采用的是薛葳德等(Shavitt et al., 1994)在研究中提出的一个三项9点语义差异量表(好的—差的,受欢迎的—不受欢迎的,喜欢的—不喜欢的;9点是从-4

到4)。作为对文化象征显著性的操控检查,本书采用先前研究所提出的文化象征水平测量量表,通过四个题项的7点量表来测量被试感知文化混搭产品中的文化元素为母国文化象征或外国文化象征的程度,具体的测量题项包括,"剪纸/自由女神涉及中国/美国文化""剪纸/自由女神是中国/美国文化的一个符号""剪纸/自由女神体现了中国/美国的价值观",以及"剪纸/自由女神是中国/美国文化的一个象征"(1=非常不同意,2=不同意,3=有点不同意,4=中立,5=有点同意,6=同意,7=非常同意)(Wan et al.,2010)。最后,我们还收集了被试的性别和年龄信息。

三、实验结果分析

1. 信度分析

在检验假设是否成立之前,先对研究中所涉及的文化混搭产品评价、母国文化象征和外国文化象征这三个变量的测量量表进行了信度检验。本书选择的测量指标是Cronbach α 系数。通过对87名调研样本数据的分析发现,文化混搭产品评价量表的Cronbach α 值为0.93,母国文化象征量表的Cronbach α 值为0.86,外国文化象征量表的Cronbach α 值为0.88。可以看出,三个量表的Cronbach α 系数都超过了0.70的可接受标准,这说明本研究中的所有测量量表都具有较好的信度。

2. 操控检验

数据分析结果表明,被试认为剪纸显著象征着中国文化($M_{剪纸}$=5.89,SD=0.89),而自由女神则显著象征着美国文化($M_{自由女神}$=5.77,SD=0.85)。这说明,以剪纸和自由女神的结合作为文化混搭刺激物是成功的。以不同文化混搭解释策略作为自变量、文化象征性作为因变量的单因素方差分析结果表明,在不同文化混搭解释策略情况下,被试对自由女神作为美国文化象征的评价之间[($M_{属性解释}$=5.85,SD=0.80,$M_{关系解释}$=5.70,SD=0.90,$F(1,85)$=0.680,p=0.412)]及剪纸作为中国文化象征的评价之间[($M_{属性解释}$=5.90,SD=0.89,$M_{关系解释}$=5.87,SD=0.90,$F(1,85)$=0.019,p=0.890)]并无显著差异。

3. 假设检验

为了检验企业的不同文化混搭解释策略对消费者的文化混搭产品评价的影响,我们进行了一个单因素方差分析,即以企业的文化混搭解释策略为自变量,以文化混搭产品评价作为因变量。具体的分析结果如表5-1和图5-1所示。其中,从表5-1可以看出,企业的文化混搭解释策略对消费者的文化混搭产品评价存在一个显著的主效应[($F(1,85)$=9.916,p=0.002<0.01)]。这意味着,当文化混搭产品采用不同的解释(属性解释 vs. 关系解释)策略来表述混搭的外国文化元素与母国文化元素之间的关系时,消费者对文化混搭产品的评价之间会存在显著差异。

表5-1 不同文化混搭解释策略对消费者文化混搭产品评价的主效应

分组	平方和	DF	均方	F	显著性
组间	22.513	1	22.513	9.916	0.002
组内	192.976	85	2.270	—	—

从图5-1可以看出,当采用属性解释策略来对自由女神剪纸作产品介绍时,即强调剪纸融合了自由女神的某一或某些特征时,被试

对自由女神剪纸的评价会明显低于采用关系解释策略来作产品介绍时,即强调自由女神只不过是剪纸的其中一个式样而已[($M_{属性解释}$=5.29, SD=1.51 vs. $M_{关系解释}$=6.30, SD=1.50, $F(1, 85)$=9.916, p=0.002<0.01)]。从而假设1就得到了实验数据的支持,即相比采用关系解释策略来表述混搭的外国文化元素与母国文化元素之间的关系,当采用属性解释策略来进行表述时,消费者对文化混搭产品的评价明显更低。

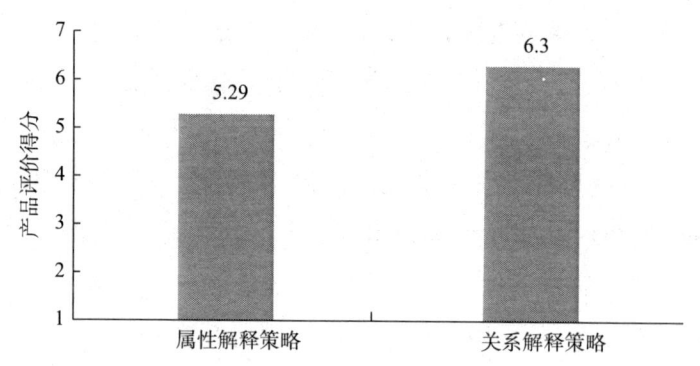

图5-1 不同文化混搭解释策略情况下的产品评价

四、研究小结

本书发现,对于同一文化混搭产品(即自由女神和剪纸的混搭),当企业采用不同的文化混搭解释策略来表述混搭的外国文化元素与母国文化元素之间的关系时,消费者对文化混搭产品的评价会存在明显的差异。具体来说,当采用属性解释策略来进行解释时,消费者对文化混搭产品的评价会明显低于采用关系解释策略时。

为什么会出现这样的结果,其中的中间作用机制又是什么呢?

根据文舒杨和贝特曼(Sujan & Bettman,1989)的研究可知,当一种产品具有了与它所属的产品类别明显不同的属性时,会引发消费者产生这种属性改变了该种产品的感知。二元文化启动效应指出,两种文化同时在同一地方曝光会扩大文化之间的感知差异性(Chiu et al.,2011)。这就意味着,当采用属性解释策略强调母国文化元素具有了外国文化元素的某一或某些特征时,会引发消费者产生外国文化元素改变了母国文化元素的感知,此时母国文化的完整性与生命力就有可能受到外国文化的威胁或侵蚀;而当采用关系解释策略强调混搭的外国文化元素与母国文化元素之间存在某种主题关系时,则较不可能引发消费者的这种感知改变,此时,母国文化的完整性与生命力就较不可能受到外国文化的威胁或侵蚀。因此,我们认为,不同文化混搭解释策略是通过影响消费者的感知文化入侵进而影响他们对文化混搭产品的评价的。

第二节 感知文化入侵的中介效应

本书实验二的主要目的是检验感知文化入侵的中介效应,即不同文化混搭解释策略如何通过影响消费者的感知文化入侵进而影响他们对文化混搭产品的评价。具体来说,当采用属性解释策略强调母国文化元素具有了外国文化元素的某一或某些特征时,会引发消费者的文化入侵感知,从而会降低他们对文化混搭产品的评价;而当采用关系解释策略强调混搭的外国文化元素与母国文化元素之间存在某种主题关系时,则会削弱消费者的文化入侵感知,从而会提高他们对文化混搭产品的评价,最终导致消费者对采用属性解释策略时的文化混搭产品的评价明显低于采用关系解释策略时。与此同时,本书还排除了文化认同及感知创意性这两个可能的替代解释机制。

一、实验设计与步骤

1. 实验设计与被试

本书在中国中部某高校招募了92名本科生参与实验,其中男生45名,女生47名,平均年龄为19.68岁。本书将他们随机分配到属性解释策略组和关系解释策略组这两个实验组当中,平均每组的被试人数超过40名,达到了实验法的一般要求。

2. 实验步骤与刺激物

本书邀请被试参与一项名为"大学生的产品态度调查"的研究,即评价某跨国公司在中国市场上推出的一款新产品。我们向被试提供了这个新产品的图片和简单的产品介绍,然后要求被试根据这些产品信息认真回答之后的问题。

实验中被评价的文化混搭产品仍然使用的是自由女神(美国文化象征)和剪纸(中国文化象征)的混搭(具体见附录A),并根据拉加歌帕和伯恩斯兰特对混合产品的不同解释策略的启动方法,通过改变产品介绍来操控不同的文化混搭解释策略。具体来说,在属性解释策略情况下,被试看到的是一张自由女神剪纸的新产品图片,其下还附带有一句简单的新产品介绍,即"自由女神剪纸是一款融合了自由女神特征的剪纸";而在关系解释策略情况下,被试看到的是同样一张新产品图片,不过其下附带的一句话产品介绍改为"自由女神剪纸是一款剪成了自由女神式样的剪纸"。

然后,让被试对文化混搭产品做出评价,采用的是薛葳德等在研究中提出的一个三项9点语义差异量表。为了捕捉到被试感知他们的母国文化受到外国文化入侵的程度,本书采用了以往研究中使用的文化入侵量表,通过两个题项的7点量表来测量被试的感知文化入侵程度,分别是"这个新产品代表着美国文化对中国传统的一种侵蚀"和"这个新产品意味着美国文化对中国文化的一种入侵"。作为对文化象征显著性的操控检查,本书采用了前人所提出的文化象征水平测量量表,通过四个题项的7点量表来测量被试感知文化混搭产品中的文化元素为母国文化象征或外国文化象征的程度(Wan et al.,2010)。

另外,因为先前的研究已经表明,消费者的文化认同(Shi et al., 2016)和对文化混搭产品的感知创意性(Peng & Xie,2016)会影响对文化混搭产品的评价。因此,本书对被试的文化认同水平和对文化混搭产品的感知创意性进行了测量。具体来说,本书以往研究中使用文化认同量表。其中,对中国文化的认同测量包括了全部的五个题项,即"身为一个中国人对我很重要""我认同中国文化""身为一个中国人让我很自豪""我属于中国文化"和"我喜欢中国文化",但对美国文化的认同测量则只保留了其中三个题项,剔除了"作为一个'美国人'对我很重要"和"作为一个'美国人'让我很自豪"这两个题项,因为被试都是中国人。而对于文化混搭产品的感知创意性,本书采用的是彭璐珞和谢天(2016)所使用的量表,通过两个题项的7点量表来测量被试对文化混搭产品的感知创意性评价,分别为"这个产品很有创意"及"这个产品对我来说很新颖"。最后,本书还收集了被试的性别和年龄信息。

二、实验结果分析

1. 信度分析

在检验假设是否成立之前,本书先对研究中所涉及的文化混搭产品评价、感知文化入侵、母国文化象征、外国文化象征、母国文化认同、外国文化认同和创意评价这七个变量的测量量表进行了信度检验,我们选择的测量指标是Cronbach α系数。通过对92名调研样本数据的分析发现,文化混搭产品评价量表的Cronbach α值为0.92,感知文化入侵量表的Cronbach α值为0.93,母国文化象征量表的Cronbach α值为0.88,外国文化象征量表的Cronbach α值为0.92,母国文化认同量表的Cronbach α值为0.94。因为当包含"我属于美国文化"这一题项时,会明显降低外国文化认同量表的Cronbach α系数,因此将这一题项剔除。最终,外国文化认同量表只包含两个测量题项,即"我认同美国文化"和"我喜欢美国文化",它的Cronbach α值为0.81,而创意评价量表的Cronbach α值为0.92。可以看出,七个量表的Cronbach α系数都超过了0.70的可接受标准,这说明本研究中的所有测量量表都具有较好的信度。

2. 操控检验

数据分析结果表明,被试认为剪纸显著象征着中国文化($M_{剪纸}$=5.87,SD=1.04),而自由女神则明显象征着美国文化($M_{自由女神}$=5.28,SD=1.12)。这说明,以剪纸和自由女神的结合作为文化混搭刺激物是成功的。而以不同文化混搭解释策略作为自变量、文化象征性作为因变量的单因素方差分析结果表明,在不同文化混搭解释策略情况下,被试对自由女神作为美国文化象征的评价之间[($M_{属性解释}$=5.35,

SD=1.06, $M_{关系解释}$=5.20, SD=1.19, $F(1,90)$=0.419, p=0.519)]及剪纸作为中国文化象征的评价之间[($M_{属性解释}$=5.94, SD=1.00, $M_{关系解释}$=5.80, SD=1.10, $F(1,90)$=0.387, p=0.535)]并无明显差异。

3. 假设检验

为了检验不同的文化混搭解释策略对消费者的文化混搭产品评价的影响,本书同样进行了一个单因素方差分析,即以不同文化混搭解释策略为自变量,以文化混搭产品评价作为因变量。具体的分析结果如表5-2和图5-2所示。从表5-2可以看出,企业的文化混搭解释策略对消费者的文化混搭产品评价存在着一个显著的主效应[($F(1,90)$=11.321, p=0.001<0.01)]。这再一次验证了不同文化混搭解释策略的主效应,即当文化混搭产品采用不同的解释策略(属性解释vs.关系解释)来表述混搭的外国文化元素与母国文化元素之间的关系时,消费者对文化混搭产品的评价会存在显著差异。

表5-2 不同文化混搭解释策略对消费者文化混搭产品评价的主效应

分组	平方和	DF	均方	F	显著性
组间	27.174	1	27.174	11.321	0.001
组内	216.019	90	2.400	—	—

从图5-2可以看出,当采用属性解释策略来对自由女神剪纸作产品介绍时,即强调剪纸融合了自由女神的某一或某些特征时,被试对自由女神剪纸的评价会明显低于采用关系解释策略来作产品介绍时,即强调自由女神只不过是剪纸的其中一个式样而已[($M_{属性解释}$=5.38, SD=1.56; $M_{关系解释}$=6.46, SD=1.54, $F(1,90)$=11.321, p=0.001<0.01)]。

这使研究假设1再一次得到了实验数据的支持,即相比采用关系解释策略来表述混搭的外国文化元素与母国文化元素之间的关系,当采用属性解释策略来进行表述时,消费者对文化混搭产品的评价会明显更低。

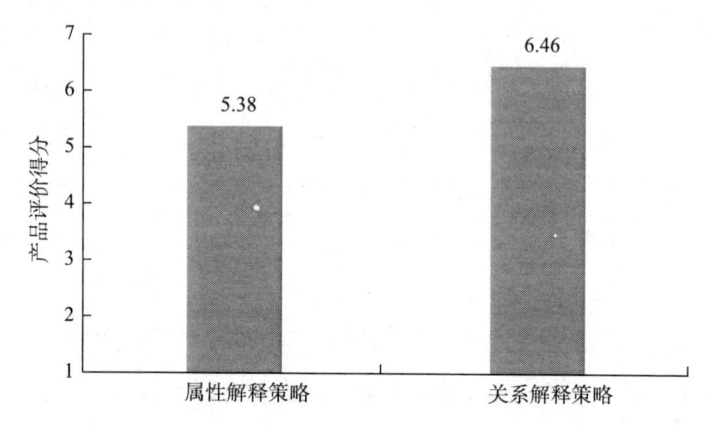

图5-2 不同文化混搭解释策略情况下消费者的产品评价

为了验证感知文化入侵中介了企业的文化混搭解释策略对消费者的文化混搭产品评价的影响,本书根据先前的学者所提出的中介分析程序(Zhao et al., 2010)与模型(Preacher et al., 2007; Hayes, 2013),采用Process213工具进行了一个Bootstrap中介效应的检验。分析结果表明,在95%的置信区间下,中介检验的结果的确不包括0(LLCI=0.54,ULCI=1.59),表明感知文化入侵的中介效应显著,且中介效应大小为1.02。各变量之间的影响效应如图5-3所示,其中,企业的文化混搭解释策略对感知文化入侵的影响效应大小为-1.11,区间不包含0(LLCI=-1.61,ULCI=-0.61);而感知文化入侵对文化混搭产品评价的影响效应大小为-0.92,区间不包含0(LLCI=-1.11,ULCI=-0.73)。在控制了中介变量"感知文化入侵"之后,自变量"企业的文化混搭解释策略"对因变量"文化混搭产品评价"的影响效应不显著,区间包含0(LLCI=-0.43,ULCI=0.57)。这意味着,感知文化入侵完全中介了企业的文化混搭解释策略对消费者的文化混搭产品评价的影响,从而假设2也得到了实验数据的支撑。

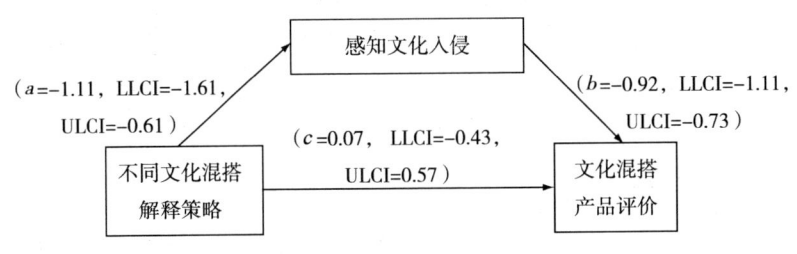

图5-3　感知文化入侵的中介效应

注:a表示不同文化混搭解释策略对感知文化入侵的影响。
　　b表示感知文化入侵对文化混搭产品评价的影响。
　　c表示不同文化混搭解释策略对文化混搭产品评价的直接影响。

与此同时,我们也排除了几个可能混淆感知文化入侵中介效应的替代解释。首先,彭璐珞和谢天(2016)在研究中指出,消费者对文化混搭产品的感知创意性越高,对产品的评价也会越高。因此,有可能是因为不同的文化混搭解释策略会导致消费者对文化混搭产品的不同创意感知,进而导致他们对产品的差异化评价。为了剔除这种可能的替代解释,我们进行了一个单因素方差分析。分析结果表明,当采用不同的文化混搭解释策略时,消费者对文化混搭产品的创意感知之间没有显著差异[($M_{属性解释}$=4.75,SD=1.23,$M_{关系解释}$=4.83,SD=

1.07，$F(1,90)=0.100$，$p=0.753$)]。另外，施媛媛等(2016)的研究表明，消费者的文化认同会影响他们对文化混搭产品的评价。因此，也有可能是因为在不同的文化混搭解释策略情况下，消费者的文化认同差异导致了对文化混搭产品的不同评价。为了排除这种替代解释的可能性，我们进行了一个单因素方差分析。分析结果发现，被试对中国文化[($M_{属性解释}=6.37$，$SD=0.85$，$M_{关系解释}=6.25$，$SD=1.05$，$F(1,90)=0.348$，$p=0.556$)和美国文化($M_{属性解释}=4.30$，$SD=1.19$，$M_{关系解释}=4.57$，$SD=1.08$，$F(1,90)=1.209$，$p=0.275$)]的认同也都不能够解释采用不同的文化混搭解释策略时消费者对文化混搭产品评价的显著差异。

三、研究小结

本书再一次验证了不同文化混搭解释策略对消费者的文化混搭产品评价的影响这一主效应，即当采用属性解释策略来表述混搭的外国文化元素与母国文化元素之间的关系时，消费者对文化混搭产品的评价要明显低于采用关系解释策略进行解释时。

更重要的是，本书发现，不同的文化混搭解释策略是通过影响消费者的感知文化入侵进而影响他们对文化混搭产品评价的，即感知文化入侵在其中起着完全中介的作用。因为根据文舒杨和贝特曼的研究可知，当一种产品具有了与它所属的产品类别明显不同的属性时，会引发消费者产生这种属性改变了该种产品的感知。而二元文化启动效应指出，两种文化同时在同一地方曝光会扩大文化之间的感知差异性(Chiu et al., 2011)。这就意味着：当采用属性解释策略强调母国文化元素具有了外国文化元素的某一或某些特征时，会引发消费者产生外国文化元素改变了母国文化元素的感知，从而导致他们将其感知为一种文化入侵,进而降低他们对文化混搭产品的评价;当采用关系解释策略只是强调混搭的外国文化元素与母国文化元素之间存在某种主题关系时,则较不可能引发消费者的外国文化改变了母国文化的感知,因而他们就不太可能将其感知为一种文化入侵,从而会提高他们对文化混搭产品的评价。

从以上论述可以看出,只有当消费者感知到母国文化元素与外国文化元素之间存在着明显差异时,才存在上述的不同文化混搭解释策略效应,而消费者比较焦点会影响到他们感知到的母国文化与外国文化之间的差异性或相似性程度,所以,它应该会调节不同文化混搭解释策略对消费者的文化混搭产品评价的影响。

第三节 消费者比较焦点的调节效应

本书实验三主要有两个目的。

一是以其他的文化混搭产品作为实验刺激物,再一次验证不同文化混搭解释策略对消费者的文化混搭产品评价的影响这一主效应。因为在实验一和实验二中采用的自由女神和剪纸的文化混搭刺激物属于神圣性领域(自由女神)和象征性领域(剪纸)的文化元素混搭,为了拓展研究结论的普适性,我们在本书实验三中采用物质性领域的文化元素与象征性领域的文化元素进行混搭作为实验刺激物,即星巴克(物质性领域)和月饼(象征性领域)相结合的文化混搭产品。

二是验证消费者比较焦点对不同文化混搭解释策略对消费者的文化混搭产品评价的影响的调节作用,这也是更为重要的目的。我们预测,当启动消费者的差异性聚焦时,他们对采用属性解释策略时的文化混搭产品评价会明显低于采用关系解释策略时;而当启动消费者的相似性聚焦时,他们对采用这两种不同的文化混搭解释策略时的文化混搭产品评价之间不会存在显著差异。

一、预实验

在确定了选择"星巴克月饼"作为本实验当中的文化混搭产品后,本书根据属性解释策略和关系解释策略的定义分别拟定了对"星巴克月饼"的属性解释和关系解释。具体来说,在属性解释策略情况下,将它解释为"星巴克月饼是一款融合了星巴克咖啡味道的月饼",即强调月饼具有了星巴克咖啡的味道;在关系解释策略情况下,将它解释为"星巴克月饼是一款星巴克咖啡公司制作的月饼",即强调星巴克只是月饼的一个生产商而已。为了确认对不同解释策略的操控是成功的,本书在正式实验开始前进行了一个预实验。

本书总共招募了80名本科生参与测试,其中男生40名,女生40名,平均年龄为20.40岁。平均来说,每一种产品介绍大约有40名被试进行评价,达到了实验法的一般要求。对回收的数据我们进行了单因素方差分析,最后的分析结果表明,"星巴克月饼是一款融合了星巴克咖啡味道的月饼"与"星巴克月饼是一款星巴克咖啡公司制作的月饼"相比,被试对前者明显更偏向于属性解释,对后者则更偏向于关系解释[$M_{前者}$=3.43,SD=1.65;$M_{后者}$=5.76,SD=1.60,$F(1,78)$=40.942,p=0.000<0.001]。这说明,我们对不同解释策略的操控是成功的。

二、实验设计与步骤

1. 实验设计与被试

本书在中国中部某高校招募了250名本科生参与实验,其中男生128名,女生122名,平均年龄为19.86岁。然后,我们将他们随机分配到2(不同文化混搭解释策略:属性解释策略 vs. 关系解释策略)×3(消费者比较焦点:相似性聚焦 vs.差异性聚焦 vs.控制组)的组间设计中的6个实验组当中,平均每组的被试人数超过40名,达到了实验法的一般要求。

2. 实验步骤与刺激物

本书邀请被试参与一项名为"大学生认知理解能力与产品态度的调查",并告知被试调查将由两个无关的小研究组成。为了提高调查效率一次性进行,请被试仔细观看与阅读我们所提供的材料,然后认真回答之后的问题。首先,被试看到的是一个名为"观察与理解"的研究,但其真实目的是操控被试的比较焦点。在这个任务中,指示被试仔细观察和对比两个图,然后认真回答之后的问题。至于不同文化混搭解释策略的主效应及消费者比较焦点的调节作用,则在第二个名为"新产品调查"的研究中进行,即让被试评价某跨国公司在中国市场上推出的一款新产品。

在"观察与理解"实验中,本书对消费者比较焦点的操控采用了马斯维勒和达弥施的启动方法,即让被试仔细观看放在同一页上的两个场景图(附录B):第一个图描绘的是一个手里拿着一杯咖啡、身体往桌子前倾的女人,桌子上面有一大盘水果和一个陶瓷器皿,而在桌子的前方有一棵圣诞树,圣诞树下有一些礼物,圣诞树旁边有一个壁炉;第二个图描绘的是一个正站在桌子前伸手去够一个碗的男人,桌子上面除了有三个碗之外,还有一个锅、一瓶酒和两个玻璃杯,在桌子前面有一个壁炉。在差异性聚焦的情况下,我们让被试仔细对比两个图并写下它们之间的所有不同之处;而在相似性聚焦的情况下,则让被试仔细对比两个图并写下它们之间的所有相似之处。在被试完成了以上的比较任务后,本书进行了一个消费者比较焦点的测量,作为对消费者比较焦点的操控检查。具体来说,本书让被试表明他们感知以下四组对象(鲸鱼和海豚,白酒和红酒,自行车和摩托车,水蜜桃和油桃)之间有多相似(Mussweiler & Damisch, 2008)。而在控制组当中,只是让被试观看两个场景图,然后写出他们的感受,并没有消费者比较焦点的操控,即他们无须对两个图进行比较并写下它们的相似或不同之处。

  对于实验中需要用到的文化混搭产品,使用的是星巴克(美国文化象征)与月饼(中国文化象征)的混搭(附录B)。与前述实验相同,也是通过改变产品介绍来操控不同的文化混搭解释策略。具体来说,在属性解释策略情况下,被试看到的是一张星巴克月饼的新产品图片,其下还附带有一句简单的新产品介绍,即"星巴克月饼是一款融合了星巴克咖啡味道的月饼"。而在关系解释策略情况下,被试看到的是同样一张新产品图片,但是其下附带的产品介绍改为"星巴克月饼是一款星巴克咖啡公司制作的月饼"。之后的实验步骤相同,即采用薛葳德等在研究中提出的三项9点语义差异量表来测量被试对文化混搭产品的评价,然后通过文化入侵量表来测量他们感知到的文化入侵水平,再采用文化象征水平量表分别测量星巴克作为美国文化象征的程度,以及月饼作为中国文化象征的程度,最后再收集被试的相关人口统计信息,即性别和年龄。

三、实验结果分析

1. 信度分析

在检验本研究的假设是否成立之前,本书先对研究中所涉及的文化混搭产品评价、感知文化入侵、母国文化象征和外国文化象征这四个变量的测量量表进行了信度检验,我们选择的测量指标是 Cronbach α 系数。通过对250名调研样本数据的分析发现,文化混搭产品评价量表的 Cronbach α 值为 0.91,感知文化入侵量表的 Cronbach α 值为 0.93,母国文化象征量表的 Cronbach α 值为 0.82,外国文化象征量表的 Cronbach α 值为 0.84,都超过了 0.70 的可接受标准,这说明本研究中的所有量表都具有较好的信度。

2. 操控检验

数据分析结果表明,被试认为月饼显著象征着中国文化($M_{月饼}$=5.54, SD=1.05),而星巴克则明显象征着美国文化($M_{星巴克}$=4.61, SD=1.03)。这说明,以星巴克月饼作为文化混搭刺激物是成功的。而以不同文化混搭解释策略作为自变量、以文化象征性作为因变量的单因素方差分析结果表明,在不同文化混搭解释策略情况下,被试对星巴克作为美国文化象征的评价之间[($M_{属性解释}$=4.60, SD=1.00, $M_{关系解释}$=4.62, SD=1.05, $F(1,248)$=0.019, p=0.890)]及月饼作为中国文化象征的评价之间[($M_{属性解释}$=5.59, SD=1.02, $M_{关系解释}$=5.48, SD=1.08, $F(1,248)$=0.663, p=0.416)]并无明显差异。

而对于消费者比较焦点的操控检查,首先将被试对四组物体的评价进行平均形成一个感知相似性得分,更高的得分表明更高的感知相似性水平。其次,以这个感知相似性得分为因变量、以消费者比较焦点为自变量进行单因素方差分析,最后的分析结果揭示出了消费者比较焦点的一个显著主效应$[(F(2,247)=26.321, p=0.000<0.001)]$。具体来说,相似性聚焦组的被试相比差异性聚焦组的被试报告出一个明显更高的感知相似性得分$[(M_{相似组}=4.01, SD=1.11; M_{差异组}=2.77, SD=1.11, F(1,167)=52.964, p=0.000<0.001)$。同样,相似性聚焦组的被试也要比控制组被试报告出更高的感知相似性得分$[(M_{相似组}=4.01, SD=1.11; M_{控制组}=3.31, SD=1.13, F(1,163)=16.344, p=0.000<0.001)]$。这说明,我们对消费者比较焦点的实验操控是成功的。

3. 假设检验

为了检验消费者比较焦点对不同文化混搭解释策略对消费者的文化混搭产品评价的影响的调节作用,本书进行了一个双因素方差分析,即以不同文化混搭解释策略作为自变量、消费者比较焦点作为调节变量、文化混搭产品评价则作为因变量,最后的分析结果如表5-3和图5-4所示。从表5-3的结果看出,不同文化混搭解释策略对消费者的文化混搭产品评价存在一个显著的主效应$[(F(1,244)=20.849, p<0.001)]$,从而再一次地验证了不同文化混搭解释策略的效应。而正如所料,消费者比较焦点对消费者的文化混搭产品评价并不存在一个主效应$[(F(2,244)=2.040, p=0.132)]$,但不同文化混搭解释策略和消费者比较焦点对消费者的文化混搭产品评价存在着一个显著的交互效应$[(F(2,244)=4.048, p=0.019<0.05)]$。这也就是说,消费者比较焦点会显著调节不同文化混搭解释策略对消费者的文化混搭产品评价的影响。

表5-3 不同文化混搭解释策略和消费者比较焦点的交互效应

类目	III型平方和	DF	均方	F	Sig.
文化混搭解释策略	46.820	1	46.820	20.849	0.000
消费者的比较焦点	9.161	2	4.580	2.040	0.132
文化混搭解释策略×消费者的比较焦点	18.179	2	9.090	4.048	0.019

接下来,又分别进行了两个单因素方差分析。一是为了检验当启动消费者的差异性聚焦时,他们对采用属性解释策略时的文化混搭产品的评价会明显低于采用关系解释策略时;二是为了检验当启动消费者的相似性聚焦时,他们对采用这两种不同的文化混搭解释策略产生的文化混搭产品评价将不存在明显差异。具体的结果如图5-4所示。从图中可以看出,在控制组情况下,当采用属性解释策略来对星巴克月饼作产品介绍时,被试对星巴克月饼的评价将会明显低于采用关系解释策略来对星巴克月饼作产品介绍时[($M_{属性解释}$=4.73, SD=1.45; $M_{关系解释}$=5.98, SD=1.40, $F(1,79)$=15.665, $p<0.001$)],这个结果也与前文的研究发现相一致。当启动被试的差异性聚焦时,他们对采用属性解释策略时的星巴克月饼的评价也要明显低于采用关系解释策略时[($M_{属性解释}$=4.83, SD=1.56; $M_{关系解释}$=6.07, SD=1.49, $F(1,83)$=13.867, $p<0.001$)]。然而,当启动被试的相似性聚焦时,他们对采用属性解释策略与关系解释策略时的星巴克月饼的评价之间没有显著差异[($M_{属性解释}$=5.75, SD=1.47; $M_{关系解释}$=5.85, SD=1.59, $F(1,82)$=0.098, p=0.755)]。因此,假设3和4都得到了实验验证。

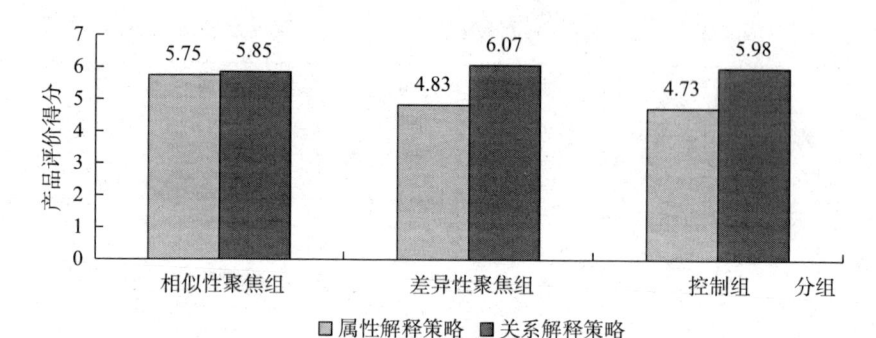

图 5-4 不同消费者比较焦点下的产品评价

为了验证消费者的感知文化入侵中介了企业的不同文化混搭解释策略对消费者的文化混搭产品评价的影响,我们根据先前的学者所提出的中介分析程序(Zhao et al., 2010)与模型(Preacher et al., 2007; Hayes, 2013),采用 Process213 工具进行了一个 Bootstrap 中介效应的检验。最后的分析结果表明,在 95% 的置信区间下,中介检验的结果的确不包括 0,区间为(LLCI=-1.06, ULCI=-0.47)。这表明感知文化入侵的中介效应显著,且中介效应大小为 -0.75。各变量之间的影响效应如图 5-5 所示,其中,不同文化混搭解释策略对感知文化入侵的影响效应大小为 0.96,区间不包含 0(LLCI=0.60, ULCI=1.31),而感知文化入侵对文化混搭产品评价的影响效应大小为 -0.78,区间不包含 0(LLCI=-0.87, ULCI=-0.69)。在控制了中介变量感知文化入侵之后,自变量不同的文化混搭解释策略对因变量文化混搭产品评价的直接影响不显著,区间包含 0(LLCI=-0.39, ULCI=0.15)。这意味着,感知文化入侵完全中介了不同文化混搭解释策略对消费者的文化混搭产品评价的影响,即再一次验证了在研究二中得出的研究结论。

第五章 企业解释策略对文化混搭产品评价影响的实证研究

```
                          感知文化入侵
(a=0.96,LLCI=0.60,                        (b=-0.78,LLCI=-0.87,
    ULCI=1.31)         (c=-0.12,LLCI=-0.39,    ULCI=-0.69)
                           ULCI=0.15)
 不同文化混搭解释策略 ─────────────────→ 文化混搭产品评价
```

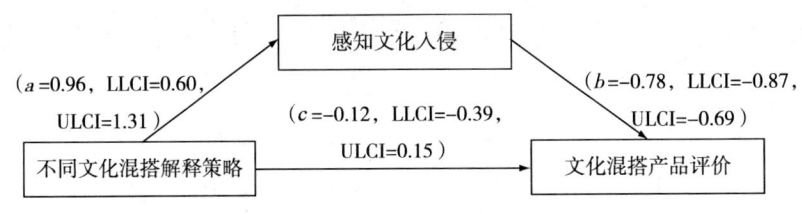

图5-5 感知文化入侵的中介效应

注：a 表示不同文化混搭解释策略对感知文化入侵的影响。

b 表示感知文化入侵对文化混搭产品评价的影响。

c 表示不同文化混搭解释策略对文化混搭产品评价的直接影响。

接下来，为了检验消费者比较焦点对企业的不同文化混搭解释策略之于消费者的文化混搭产品评价影响的调节效应是受到感知文化入侵的中介作用，本书根据先前的学者所提出的调节中介分析程序（Zhao et al.,2010）与模型（Preacher et al.,2007；Hayes,2013），同样采用Process 213工具进行了一个Bootstrap调节中介效应的检验。最后的分析结果表明，在95%的置信区间下，感知文化入侵的确中介了不同文化混搭解释策略和消费者比较焦点对文化混搭产品评价的交互影响，其调节中介效应大小为-0.77，区间不包括0（LLCI=-1.07，ULCI=-0.45）。各变量之间的影响效应如图5-6所示，其中，不同文化混搭解释策略和消费者比较焦点对感知文化入侵的交互效应大小为0.97，区间不包括0（LLCI=0.55，ULCI=1.39）。感知文化入侵对文化混搭产品评价的影响效应大小为-0.79，区间也不包括0（LLCI=-0.89，ULCI=-0.70），但在控制了中介变量"感知文化入侵"之后，自变量"不同文化混搭解释策略"和调节变量"消费者比较焦点"对因变量"文化混搭产品评价"的交互影响不显著，区间包括0（LLCI=-0.15，

ULCI=0.52）。这意味着,消费者比较焦点对不同文化混搭解释策略之于消费者的文化混搭产品评价影响的调节效应是受到感知文化入侵的完全中介作用。具体来说,当启动被试的差异性聚焦时,感知文化入侵会在其中起着完全中介的作用,其效应大小为-0.76,Bootstrap检验的区间不包括0,其具体数值为(-1.06,-0.49),而当启动被试的相似性聚焦时,感知文化入侵并不存在中介作用(-0.52,0.22),该区间包含0。因此,研究假设5也得到了实验数据的支持。

```
                         消费者
                         比较焦点
        ($a$=0.97, LLCI=0.55,        ($b$=-0.79, LLCI=-0.89,
             ULCI=1.39)                    ULCI=-0.70)
    ┌──────────┐     ┌──────────┐      ┌──────────┐
    │ 不同文化混搭 │────→│ 感知文化  │─────→│ 文化混搭  │
    │  解释策略  │     │   入侵    │      │ 产品评价  │
    └──────────┘     └──────────┘      └──────────┘
                   ($c$=0.19, LLCI=-0.15, ULCI=0.52)
```

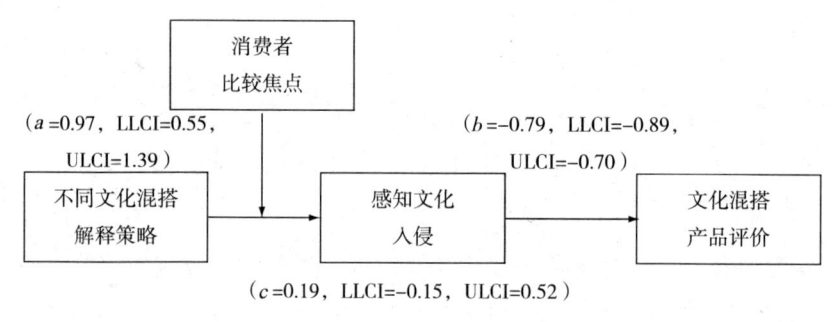

图 5-6 感知文化入侵的调节中介效应

注:a 表示不同文化混搭解释策略和消费者比较焦点对感知文化入侵的交互影响。

b 表示感知文化入侵对文化混搭产品评价的影响。

c 表示不同文化混搭解释策略和消费者比较焦点对文化混搭产品评价的交互影响。

四、研究小结

本书不仅再一次验证了企业的不同文化混搭解释策略效应,即当采用属性解释策略来表述混搭的外国文化元素与母国文化元素之间的关系时,消费者对文化混搭产品的评价明显低于采用关系解释策略时。其中,感知文化入侵起着完全中介的作用。更重要的是,本书还发现,前述的主效应存在的一个前提是,消费者的注意力聚焦在混搭的两种文化象征之间的差异性而非相似性上。

因为先前的营销相关研究指出,只有当一种产品被消费者感知到具有了与它所属的类别明显不同的属性时,它才会被子类别化,即会被消费者感知为该种产品已经被这种类别不一致属性改变成了一个独特的类别成员(Sujan & Bettman,1989)。拉加歌帕和伯恩斯兰特在研究中也指出,只有当一种产品类别与另一种产品类别存在明显差异且混合产品采用属性解释策略时,消费者才会产生一种产品类别属性改变了另一种产品类别的感知。这就意味着,当采用属性解释策略来表述混搭的外国文化元素与母国文化元素之间的关系时,只有当消费者感知到混搭的外国文化元素与母国文化元素之间存在明显差异时,才会产生外国文化元素改变了母国文化元素的感知;而当消费者感知混搭的两种文化元素之间存在相似性时,则较不可能产生外国文化元素改变了母国文化元素的感知。根据文化混搭的研究可知,来自不同文化的象征或符号的同时曝光会扩大文化之间的感知差异性(Chiu et al.,2011),但消费者比较焦点能够促使个体更多地去关注不同文化之间的差异性或相似性,进而增强文化之间的感知差异性或相似性。因此,只有当启动的是消费者的差异性聚焦时,他们对采用属性解释策略时的文化混搭产品的评价才会明显低于采用关系解释策略时;当启动的是消费者的相似性聚焦时,他们对采用属性解释策略和关系解释策略时的文化混搭产品的评价之间将不会存在明显差异。

从以上论述中我们可以看出,让消费者将注意力聚焦于混搭的外国文化元素与母国文化元素之间的差异性或相似性上,只会影响消费者感知到的外国文化元素对母国文化元素的"改变"程度,但他们是否将这种"改变"感知为一种文化入侵才是他们对文化混搭产品态度的决定因素。文化会聚主义信念会影响消费者将外国文化元素对母国文化元素的这种"改变"感知为一种文化入侵的程度。

第四节 消费者文化会聚主义信念的调节效应

本节实验四的主要目的是验证消费者的文化会聚主义信念对主效应的调节作用。我们预测:只有当消费者持有的是低文化会聚主义信念时,他们对采用属性解释策略时的文化混搭产品的评价才会明显低于采用关系解释策略时;当消费者持有的是高文化会聚主义信念时,他们对采用这两种不同的文化混搭解释策略时的文化混搭产品评价之间将不会存在明显差异。

一、实验设计与步骤

1. 实验设计与被试

本书在中国中部某高校招募了167名本科生参与实验,其中男生81名,女生86名,平均年龄为20.62岁。然后,将他们随机分配在了2(不同文化混搭解释策略:属性解释策略 vs. 关系解释策略)×2(消费者文化会聚主义信念:高 vs. 低)的组间设计中的4个实验组当中,平均每组的被试人数大于40名,达到了实验法的一般要求。

2. 实验步骤与刺激物

本书邀请被试参与一项名为"大学生认知理解能力与产品态度

的调查",并告知被试调查将由两个无关的小研究组成。为了提高调查效率一次性进行,请被试仔细观看与阅读所提供的材料,然后认真回答问题。首先,被试看到的是一个名为"阅读与理解"的研究,但其真实目的是操控被试的文化会聚主义信念。在这个任务中,指示被试仔细阅读一篇杂志文章,然后认真回答之后的问题。至于不同文化混搭解释策略的主效应则在第二个名为"新产品调查"的研究中进行,即让被试评价某跨国公司在中国市场上推出的一款新产品。

在"阅读与理解"的实验中,本书对消费者文化会聚主义信念的操控采用了前人的启动方法,即让被试阅读一篇来自于概述各种社会科学发现的新闻杂志上的文章(Chao et al.,2017)。其中,在文化会聚主义信念启动的情况下,被试看到的是一篇有关文化的文章,题目是《人类与文化》,文章开头是这样一段话:"不同文化群体之间通过接触和互动不断相互影响着彼此的传统和观点,正是通过这种跨文化之间的交流,使得文化处于动态的变化及演进当中。"之后的内容主要是列举学者的观点、研究发现及真实案例来论证开头的观点,即文化不是孤立的、静态的存在,不同文化之间是相互作用及相互影响的(附录C)。而在控制组,被试看到的是一篇科学文章,题目是《氮气的来源》,文章开头是这样一段话:"科学界普遍认为地球上植物所吸收的氮都来自大气,但一项美国最新研究指出,自然生态系统中高达26%的氮来源于岩石,其余的则来自大气。"在阅读完文章之后,让被试概括和总结文章的主题,并写出三个主要的研究发现。

对于"新产品调查"中需要用到的文化混搭产品,我们仍然使用的是星巴克月饼(附录C),至于不同文化混搭解释策略的操控与实验三相同。即在属性解释策略情况下,被试看到一张星巴克月饼的图片和一句简短的产品介绍,"星巴克月饼是一款融合星巴克咖啡味道的月饼";而在关系解释策略情况下,被试看到的是同样一张产品图片,但一句话产品介绍更改为"星巴克月饼是一款星巴克咖啡公司制作的月饼"。之后的实验步骤与实验三相似,即采用薛葳德等在研究中提出的三项9点语义差异量表来测量被试对文化混搭产品的评价,然后通过文化入侵量表来测量他们感知到的文化入侵水平,之后采用文化象征水平量表分别测量星巴克作为美国文化象征的程度,以及月饼作为中国文化象征的程度。接下来,作为对消费者文化会聚主义信念的操控检查,本书采用了罗森塔尔和利维(Rosenthal & Levy,2012)提出的五项七点量表测量了被试的文化会聚主义信念,如"不同的文化之间存在着许多的连接与联系"及"不同的种族、民族和文化群体之间相互影响"等。最后,收集被试的相关人口统计信息,即性别和年龄。

二、实验结果分析

1. 信度分析

在检验本节假设是否成立之前,本书仍然对涉及的变量测量量表进行了信度检验,主要包括文化混搭产品评价、感知文化入侵、母国文化象征、外国文化象征和文化会聚主义信念五个测量量表,并通过 Cronbach α 系数来判断各个量表的可靠性。通过对167名调研样本数据的信度分析发现,文化混搭产品评价量表的 Cronbach α 值为0.89,感知文化入侵量表的 Cronbach α 值为0.90,母国文化象征量表的 Cronbach α 值为0.83,外国文化象征量表的 Cronbach α 值为0.89,文化会聚主义信念量表的 Cronbach α 值为0.95,都超过0.70的可接受标准,这说明所有量表都具有较好的信度。

2. 操控检验

数据分析结果表明,被试认为月饼显著象征着中国文化($M_{月饼}$=5.71,SD=1.02),而星巴克则明显象征着美国文化($M_{星巴克}$=4.92,SD=1.15)。这说明,以星巴克月饼作为文化混搭刺激物是成功的。而以不同文化混搭解释策略作为自变量,文化象征性作为因变量的单因素方差分析结果表明,在不同文化混搭解释策略下,被试对星巴克作为美国文化象征的评价之间[($M_{属性解释}$=4.95,SD=1.18;$M_{关系解释}$=4.90,SD=1.13,$F(1,165)$=0.098,p=0.755)]及月饼作为中国文化象征的评价之间[($M_{属性解释}$=5.74,SD=1.00;$M_{关系解释}$=5.67,SD=1.05,$F(1,165)$=0.239,p=0.626)]并无显著差异。

对消费者文化会聚主义信念的操控检验结果表明,相比于阅读的是《氮气的来源》的杂志文章,当被试阅读的是《人类与文化》的杂志文章时,他们会表现出明显更高的文化会聚主义信念水平[($M_{人类与文化}$=5.63,SD=0.99;$M_{氮气的来源}$=4.64,SD=1.01,$F(1,165)$=41.410,$p<0.001$)]。这说明,对消费者文化会聚主义信念的实验操控是成功的。

3. 假设检验

为了检验消费者文化会聚主义信念对企业的不同文化混搭解释策略之于消费者的文化混搭产品评价影响的调节作用,本书进行了一个双因素方差分析,即以不同文化混搭解释策略作为自变量、消费者文化会聚主义信念作为调节变量,而以文化混搭产品评价作为因变量。最后的分析结果可如表5-4和图5-7所示。其中,从表5-4的结果可以看出,不同文化混搭解释策略对消费者的文化混搭产品评价存在一个显著的主效应[$(F(1,163)=10.136, p=0.002<0.01)$],从而再一次地验证了不同文化混搭解释策略的效应。此外,不同的文化会聚主义信念对消费者的文化混搭产品评价也存在一个主效应[$(F(1,163)=6.372, p=0.013)$],因为持有高文化会聚主义信念的个体认为不同文化之间本身就是相互作用和相互影响的,因而相比持有低文化会聚主义信念的个体,他们更可能对文化混搭表现出正面的态度。但更重要的是,数据揭示出不同文化混搭解释策略和消费者文化会聚主义信念对消费者的文化混搭产品评价存在着一个显著的交互效应[$(F(1,163)=7.919, p=0.005<0.01)$]。这也就是说,消费者文化会聚主义信念会显著调节不同文化混搭解释策略对消费者的文化混搭产品评价的影响。

表5-4 不同文化混搭解释策略和消费者文化会聚主义信念的交互效应

类目	III型平方和	DF	均方	F	Sig.
文化混搭解释策略	21.762	1	21.762	10.136	0.002
文化会聚主义信念	13.681	1	13.681	6.372	0.013
文化混搭解释策略×文化会聚主义信念	17.003	1	17.003	7.919	0.005

接下来,本书又进行了两个单因素方差分析:一是为了检验在控制组的情况下,消费者对采用属性解释策略时的文化混搭产品的评价将会明显低于采用关系解释策略时;二是为了检验当启动消费者的文化会聚主义信念时,他们对采用属性解释策略和关系解释策略时的文化混搭产品评价之间将不会存在明显差异。具体的分析结果

如图5-7所示。从图中可以看出，在控制组的情况下，被试对采用属性解释策略时的文化混搭产品的评价会明显低于采用关系解释策略时[($M_{属性解释}$=4.72, SD=1.53; $M_{关系解释}$=6.08, SD=1.48, $F(1,83)$=17.501, $p<0.001$)]。但在启动被试的文化会聚主义信念的情况下，他们对采用属性解释策略和关系解释策略时的文化混搭产品评价之间不会存在显著差异[($M_{属性解释}$=5.93, SD=1.48; $M_{关系解释}$=6.02, SD=1.38, $F(1,80)$=0.070, p=0.791)]。这就是说，只有当消费者持有的是低文化会聚主义信念时，本书不同文化混搭解释策略效应才会存在。因此，假设6和假设7也得到了实验结果的支持。

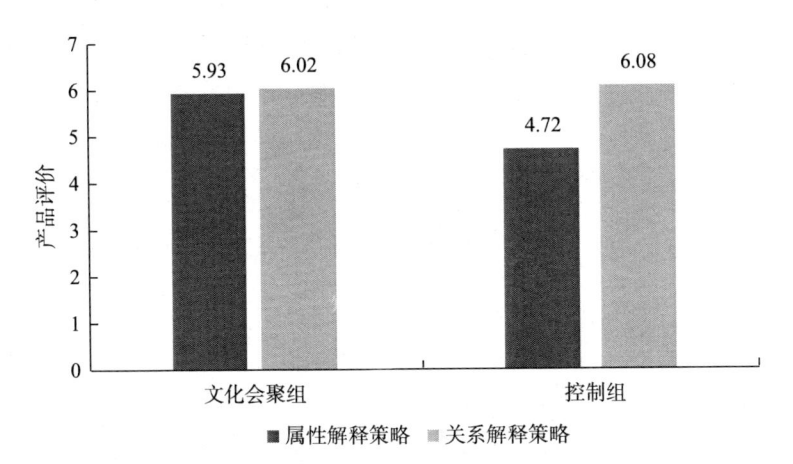

图5-7 不同文化会聚主义信念水平下的产品评价

为了验证感知文化入侵中介了企业的不同文化混搭解释策略对消费者的文化混搭产品评价的影响，我们根据先前的学者所提出的中介分析程序(Zhao et al., 2010)与模型(Preacher et al., 2007; Hayes,

2013），采用Process213工具进行了一个Bootstrap中介效应的检验。最后的分析结果表明，在95%的置信区间下，中介检验的结果的确不包括0（LLCI=-0.95，ULCI=-0.24），表明感知文化入侵的中介效应显著，其中介效应大小为-0.58。各变量之间的影响效应如图5-8所示，其中，不同文化混搭解释策略对感知文化入侵的影响效应大小为0.69，区间不包含0（LLCI=0.28，ULCI=1.09），而感知文化入侵对文化混搭产品评价的影响效应大小为-0.85，区间不包含0（LLCI=-0.97，ULCI=-0.73）。在控制了中介变量"感知文化入侵"之后，自变量不同的文化混搭解释策略对因变量"文化混搭产品评价"的影响不显著，区间包含0（LLCI=-0.50，ULCI=0.14）。这意味着，感知文化入侵完全中介了不同文化混搭解释策略对消费者的文化混搭产品评价的影响，即再一次验证了在实验二中得出的结论。

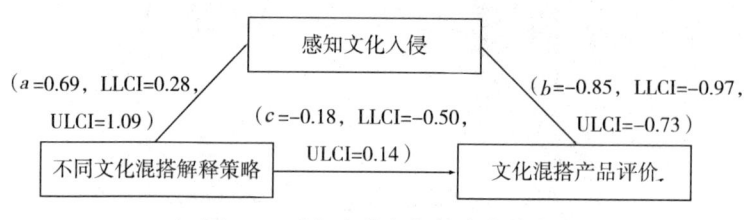

图5-8 感知文化入侵的中介效应

注：a表示不同文化混搭解释策略对感知文化入侵的影响。

b表示感知文化入侵对文化混搭产品评价的影响。

c表示不同文化混搭解释策略对文化混搭产品评价的直接影响。

接下来，为了检验消费者文化会聚主义信念对不同文化混搭解释策略之于消费者的文化混搭产品评价影响的调节效应是受到感知文化入侵的中介作用,我们根据先前的学者所提出的调节中介分析程序(Zhao et al.,2010)与模型(Preacher et al.,2007;Hayes,2013),同样采用Process 213工具进行了一个Bootstrap调节中介效应的检验。最后的分析结果表明,在95%的置信区间下,感知文化入侵的确中介了不同文化混搭解释策略和消费者文化会聚主义信念对消费者的文化混搭产品评价的交互影响,其调节中介效应大小为-1.30,区间不包括0(LLCI=-2.00,ULCI=-0.64)。各变量之间的影响效应如图5-9所示,其中,不同的文化混搭解释策略和消费者文化会聚主义信念对感知文化入侵的交互效应大小为1.56,区间不包括0(LLCI=0.78,ULCI=2.33),感知文化入侵对文化混搭产品评价的影响效应大小为-0.84,区间也不包括0(LLCI=-0.96,ULCI=-0.71),但在控制了中介变量"感知文化入侵"之后,自变量不同的文化混搭解释策略和调节变量"消费者文化会聚主义信念"对因变量"文化混搭产品评价"的影响效应不显著,区间包括0(LLCI=-0.63,ULCI=0.67)。这意味着,文化会聚主义信念水平对不同的文化混搭解释策略之于消费者的文化混搭产品评价影响的调节效应受到感知文化入侵的完全中介作用。其中,当消费者持有的是低文化会聚主义信念时,感知文化入侵的完全中介效应显著,其效应大小为-1.20,Bootstrap检验的区间为(-1.73,-0.74),不包括0。而当消费者持有的是高文化会聚主义信念时,感知文化入侵并不发挥中介作用(-0.37,0.55),该区间包含0。因此,假设8也得到了实验数据的支持。

```
              ┌─────────────┐
              │ 消费者文化   │
              │ 会聚主义信念 │
              └─────────────┘
(a=1.56, LLCI=0.78,              (b=-0.84, LLCI=-0.96,
   ULCI=2.33)                        ULCI=-0.71)
┌─────────────┐  ┌─────────┐  ┌─────────┐
│ 不同文化混搭│→ │ 感知文化│→ │ 文化混搭│
│ 解释策略    │  │ 入侵    │  │ 产品评价│
└─────────────┘  └─────────┘  └─────────┘
         (c=0.02, LLCI=-0.63, ULCI=0.67)
```

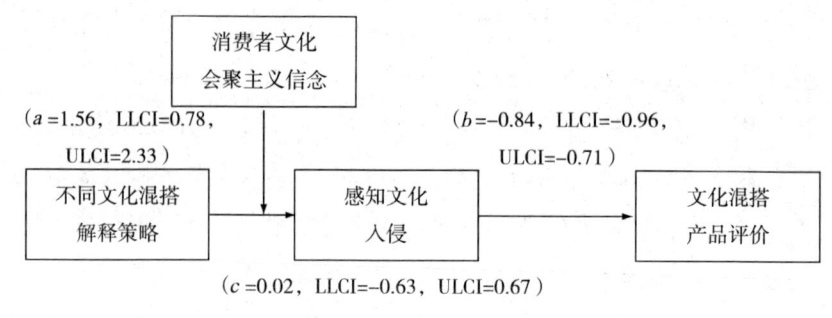

图5-9 感知文化入侵的调节中介效应

注：a表示不同文化混搭解释策略和消费者文化会聚主义信念对感知文化入侵的交互影响。

b表示感知文化入侵对文化混搭产品评价的影响。

c表示不同文化混搭解释策略和消费者文化会聚主义信念对文化混搭产品评价的交互影响。

三、研究小结

本次实验指出，即便是让消费者聚焦于混搭的两种文化象征之间的差异性，并采用属性解释策略引发消费者产生外国文化元素改变了母国文化元素的感知，但如果他们不把外国文化对母国文化的这种"改变"感知为一种文化入侵，本实验中的不同文化混搭解释策略效应就不会存在。这也就是说，只有当消费者持有的是低文化会聚主义信念，并采用属性解释策略时，他们对文化混搭产品的评价才会明显低于采用关系解释策略时的评价。

这主要是因为，文化会聚主义认为，文化并非是从诞生的时候开始就保持一成不变的，而是会随着时间的推移持续演变，且文化也并不是孤立存在的，不同文化之间是会相互作用及相互影响的。因此，没有哪一种文化是完全土生土长的,所有文化本质上都是多种文化互动、作用和融合的产物(Prashad,2009;Morris et al.,2015)。从该论述中可以看出,文化会聚主义理论倾向于将一种文化对另一种文化的作用或影响看作文化发展当中的一种正常现象。这就意味着,当采用属性解释策略引发消费者的外国文化元素改变了母国文化元素的感知时,对于这种"改变",持有高文化会聚主义信念的消费者更多地会将它看作不同文化之间的一种相互交流与学习,而不太可能将它看作外国文化对母国文化的一种入侵,从而会提高他们对文化混搭产品的评价,进而导致他们对采用属性解释策略与关系解释策略时的产品评价之间不会存在明显差异。而与此相反,持有低文化会聚主义信念的消费者则更可能将这种"改变"看作外国文化对母国文化的一种入侵,他们认为母国文化的完整性与生命力受到了威胁或者侵蚀,从而会降低他们对文化混搭产品的评价,进而导致他们对采用属性解释策略时的产品评价会明显低于采用关系解释策略时的评价。

综合以上四个实验可以看出,不同的文化混搭解释策略效应的存在必须满足两个条件:一是消费者的注意力聚焦在混搭的两种文化象征之间的差异性而非相似性上,这会影响消费者感知到的外国文化改变了母国文化的程度;二是消费者必须持有的是低文化会聚主义信念而非高文化会聚主义信念,这会影响消费者将感知到的外国文化对母国文化的改变看作一种文化入侵的程度。

第六章 结论与展望

本章将首先对本书的研究模型、研究假设及得出的研究结论进行概括、总结与讨论,然后就此提出本书的创新点。其次,将详细阐述本书所具有的理论贡献,以及对管理实践的启示意义。最后,对本书可能存在的局限性进行了深入剖析,并就此提出未来可供研究的新方向及相关的研究建议。

第一节 研究结论

随着全球化的发展,文化混搭现象变得越来越普遍,但人们对它们的反应却各异,这引起了不少学者的兴趣,纷纷对此展开了研究。纵观现有的文化混搭研究,学者们大多从文化混搭刺激物的本身特征及消费者的个体特征方面着手,探讨哪些因素会影响消费者对文化混搭现象的反应;而本书则从企业的营销传播角度出发,探讨了在文化混搭产品的营销推广过程中,当采用不同的解释策略来表述混搭的外国文化元素与母国文化元素之间的关系时,消费者对文化混搭产品的评价会产生怎样的变化。具体来说,本书主要检验了两种不同的文化混搭解释策略(属性解释策略 vs.关系解释策略)对消费者的文化混搭产品评价的影响,以及感知文化入侵的中介作用,并深入探讨了该主效应存在的两个边界条件,即消费者比较焦点和文化会聚主义信念的调节作用。为此,本书一共进行了四个实验研究。其中,实验一探讨了企业的不同文化混搭解释策略对消费者的文化混搭产品评价的影响;实验二探讨了感知文化入侵对上述主效应的中介作用;实验三探讨了消费者的比较焦点(相似性聚焦 vs. 差异性聚焦)对上述主效应的调节作用;实验四进一步探讨了消费者的文化会聚主义信念(高 vs. 低)对主效应的调节效应。最后得出的研究结论如下所述。

实验一检验了企业的不同文化混搭解释策略对消费者的文化混搭产品评价的影响。根据混合产品的相关研究可知,对于混合产品当中的不同类别成分之间的关系,主要通过两种不同的解释策略来进行解释。一是属性解释策略,主要强调一种产品类别的某一或某些特征映射到了另一种产品类别之上;二是关系解释策略,主要强调不同产品类别之间存在某种主题关系(Rajagopal & Burnkrant, 2009)。而文化混搭产品作为一种特殊的混合产品,涉及来自不同文化的象征或符号的共现(Chi et al., 2011)。对于混搭的这些不同文化的象征或符号之间的关系,我们认为,也可以采用属性解释策略和关系解释策略来进行解释。据此,我们界定出了文化混搭产品的两种解释策略,即强调外国文化元素的某一或某些特征映射到了母国文化元素之上的属性解释策略,以及强调外国文化元素和母国文化元素之间存在某种主题关系的关系解释策略,并探讨了它们对文化混搭产品评价的不同影响。最后的研究结果表明,对于同一文化混搭产品来说,当采用属性解释策略进行解释时,消费者对文化混搭产品的评价将明显低于采用关系解释策略进行解释时的评价。

实验二则对上述的不同文化混搭解释策略效应的中间机制进行了探讨,即检验了感知文化入侵对不同文化混搭解释策略之于消费者的文化混搭产品评价的影响的中介作用。最后的研究结果表明,不同文化混搭解释策略是通过影响消费者的感知文化入侵进而影响他们对文化混搭产品评价的,且感知文化入侵在其中起着完全中介的作用。当采用属性解释策略强调母国文化元素具有外国文化元素的某一或某些特征时,会引发消费者产生外国文化改变了母国文化的感知。此时,母国文化的完整性与生命力就受到了威胁,这就会导致消费者将文化混搭感知为对母国文化的一种入侵,进而降低他们对文化混搭产品的评价。而当采用关系解释策略强调外国文化元素与母国文化元素之间存在某种主题关系时,则较不可能引发消费者产生外国文化改变了母国文化的感知。此时,就会削弱消费者的文化入侵感知,进而提高他们对文化混搭产品的评价。因此,在表述混搭的外国文化元素与母国文化元素之间的关系时,当企业采用属性解释策略进行解释时,消费者对文化混搭产品的评价会明显低于采用关系解释策略进行解释时。

实验三验证了消费者比较焦点对企业的不同文化混搭解释策略之于消费者的文化混搭产品评价的影响的调节作用。最后的研究结果表明,只有消费者感知到混搭的外国文化元素与母国文化元素之间存在明显差异(启动差异性聚焦),并采用属性解释策略进行解释时,消费者对文化混搭产品的评价才会明显低于采用关系解释策略时。因为根据前人的研究可知,只有当一种产品具有了与它所属的产品类别明显不同的属性时,才会引发消费者产生这种属性改变了该种产品的感知(Sujan & Bettman,1989)。这意味着,只有使消费者感知外国文化元素与母国文化元素之间存在明显差异,并且当通过属性解释策略强调母国文化元素具有了外国文化元素的某一或某些特征时,才会使消费者产生外国文化改变了母国文化的感知。而当消费者将注意力聚焦于外国文化元素与母国文化元素之间的相似性上(启动相似性聚焦)时,即便通过属性解释策略强调母国文化元素具有了外国文化元素的某一或某些特征,消费者也较不可能产生外国文化改变了母国文化的感知,这就会提高他们对文化混搭产品的评价。因此,当启动消费者的相似性聚焦时,消费者对采用属性解释策略和关系解释策略时的文化混搭产品评价之间不会存在显著差异。

实验四则验证了上述主效应存在的另一个重要边界条件,即消费者的文化会聚主义信念对企业的不同文化混搭解释策略之于消费者的文化混搭产品评价的影响的调节效应。最后的研究结果表明,仅仅让消费者注意混搭的外国文化元素与母国文化元素之间存在明显差异是不够的。只有当消费者持有的是低文化会聚主义信念时,上述的不同文化混搭解释策略效应才会存在。这是因为,只有当消费者持有的是低文化会聚主义信念时,即当感知外国文化元素"改变"了母国文化元素时,他们才更可能将这种"改变"看作对母国文化的一种威胁或入侵,降低对文化混搭产品的评价,从而导致他们对采用属性解释策略时的文化混搭产品评价明显低于采用关系解释策略时。而当消费者持有高文化会聚主义信念时,他们会倾向于将不同文化之间的相互作用或者相互影响看作文化发展过程中的一种正常现象。因此,当感知外国文化元素"改变"了母国文化元素时,将不太可能将这种"改变"看作对母国文化的一种威胁或入侵,进而会提高对文化混搭产品的评价。因此,当消费者持有高文化会聚主义信念时,他们对采用属性解释策略和关系解释策略时的文化混搭产品评价之间不会存在明显差异。

综上所述,当文化混搭产品采用属性解释策略来表述混搭的外国文化元素与母国文化元素之间的关系时,消费者对文化混搭产品的评价要明显低于采用关系解释策略进行解释时。其中,消费者的感知文化入侵起着完全中介的作用,但这种不同的文化混搭解释策略效应的存在有两个边界条件:一是消费者的注意力必须聚焦在混搭的两种文化象征之间的差异性而非相似性上,二是消费者必须持有的是低文化会聚主义信念。

第二节 研究创新与贡献

一、研究创新

学者们就消费者会对文化混搭现象产生的反应及其可能存在的边界条件进行了诸多的探讨,本书创新点主要体现在以下三个方面。

第一,现有的文化混搭研究主要从文化混搭刺激物的混搭特征,如混搭的不同文化元素的特征及不同文化元素的混搭特征等,以及消费者的个体特征如消费者的不同文化认同、认知性需求和习惯等,探讨为什么消费者会对不同的文化混搭现象产生明显差异化的反应,甚至对同一文化混搭现象也会产生截然不同的两种反应。较少有研究基于企业的视角去探讨企业不同的营销传播方式是否会对消费者的文化混搭产品评价产生不同的影响。已有研究指出,消费者对产品的评价不仅会受到产品自身因素和消费者因素的影响,还会受到企业的营销传播因素的影响。本书从企业的角度出发,探讨了在文化混搭产品的营销推广过程中,当企业采用不同的解释策略来表述混搭的外国文化元素与母国文化元素之间的关系时,消费者对文化混搭产品的评价会产生怎样的差异。最后的研究结果表明,对于同一文化混搭产品来说,当采用属性解释策略进行解释时,消费者对文化混搭产品的评价会明显低于采用关系解释策略进行解释时。本书从另一个角度对文化混搭现象进行了更为深入的剖析,这是对现有文化混搭研究的进一步拓展。

第二,本书基于混合产品的相关研究,首次提出企业可以采用两种不同的解释策略来阐述文化混搭产品当中涉及的外国文化元素与母国文化元素之间的关系。一是属性解释策略,主要强调的是外国文化元素的某一或某些特征映射到了母国文化元素之上;二是关系解释策略,主要强调的是混搭的外国文化元素与母国文化元素之间存在某种主题关系。然后通过四个实验发现,当企业采用属性解释策略进行解释时,消费者对文化混搭产品的评价会明显低于采用关系解释策略进行解释时。因为属性解释策略主要强调的是母国文化元素具有了外国文化元素的某一或某些特征,这会让人们产生外国文化改变了母国文化的感知,进而提高人们的文化入侵感知,从而降低对文化混搭产品的评价。而当采用关系解释策略进行解释时,因为主要强调的是外国文化元素与母国文化元素之间存在的某种主题关系,因而人们更可能将这种文化混搭感知为一种文化交流,进而提高对文化混搭产品的评价。基于此逻辑,本书还找出了上述主效应存在的两个边界条件:一是消费者必须注意到混搭的外国文化元素与母国文化元素之间存在明显的差异,这会影响他们感知到的外国文化元素"改变"了母国文化元素的程度;二是消费者必须拥有一个低的文化会聚主义信念水平,这会影响他们将感知到的外国文化元素对母国文化元素的"改变"感知为一种文化入侵的程度。只有同时满足这两个条件,并采用属性解释策略时,消费者对文化混搭产品的评价才会明显低于采用关系解释策略时的评价。

第三,已有文化混搭研究指出,人们会对文化混搭现象产生排斥性反应主要是因为引发了他们的文化抗辩心态,即担心母国文化的完整性与生命力受到外国文化的威胁或侵蚀。之后,学者们分别从文化混搭的具体特征,如混搭的不同文化元素的特征和不同文化元素的混搭特征,以及消费者的个体特征如不同的文化认同、认知性需求和习惯等来积极探讨哪些因素有可能激发人们的文化抗辩心态,却较少探究应该如何缓解和改变人们的这种文化抗辩心态。本书发现,企业可以通过不同的营销传播策略来引导人们是否产生文化抗辩心态,当文化混搭产品采用关系解释策略来表述混搭的外国文化元素与母国文化元素之间的关系时,不仅较不可能引发人们的文化抗辩心态,甚至还会引发他们的文化开放心态,从而提高他们对文化混搭产品的评价。而当采用属性解释策略进行解释时,虽然很容易引发人们的文化抗辩心态,但企业可以通过让消费者更多地聚焦于混搭的外国文化元素与母国文化元素之间的相似性上,以及引发消费者的文化会聚主义信念来削弱他们的这种文化抗辩心态,进而提高他们对文化混搭产品的评价。

二、理论贡献

本书从企业的营销传播角度切入,主要探讨了在文化混搭产品的营销推广过程中,当企业采用不同的解释策略来表述产品中涉及的不同文化元素之间的关系时,消费者对文化混搭产品的评价会发生怎样的变化,不仅深入剖析了其中间作用机制,还对其可能存在的边界条件进行了重点探讨；不仅丰富了现有的文化混搭领域方面的研究，而且拓展了当前有关全球化的文化影响研究。具体来说，本书的理论贡献主要体现在以下三个方面。

首先，根据现有研究可知，文化具有重要的认同、存在判断和认知性功能(Cheng, 2010)。因此，保护自身文化的纯洁性与连续性就成了人类的一种本能。文化象征或符号是文化身份的携带者(Yang et al., 2016)，文化混搭却将外国文化的象征与母国文化的象征放在一起(Chiu et al., 2011)，这就使它们之间产生了千丝万缕的关系。本书认为，消费者如何看待混搭的外国文化象征与母国文化象征之间的关系，直接决定了他们对文化混搭的反应。本书基于混合产品的相关研究，提出可以用两种不同的解释策略来阐述文化混搭产品当中涉及的外国文化元素与母国文化元素之间的关系：一是属性解释策略，二是关系解释策略。然后，本书深入探讨了这两种不同的文化混搭解释策略对消费者的文化混搭产品评价的影响。最后的研究结果发现，当企业采用属性解释策略进行解释时，消费者对文化混搭产品的评价将会明显低于采用关系解释策略时。因为当采用属性解释策略时，消费者更可能将混搭的外国文化元素与母国文化元素感知为一种"入侵与被入侵"的关系；而当采用关系解释策略时，消费者则更倾向于将它们感知为一种"借鉴与学习"的关系。此外，我们还找到了上述主效应存在的两个重要边界条件，即消费者的比较焦点和文化会聚主义信念水平。其中，消费者的比较焦点会影响他们感知到的外国文化元素"改变"母国文化元素的程度，而文化会聚主义信念则会影响消费者将外国文化元素对母国文化元素的"改变"感知为一种文化入侵的程度。只有当启动的是消费者的差异性聚焦及消费者持有低文化会聚主义信念时,上述的文化混搭解释策略效应才会存在;而当启动的是相似性聚焦及消费者持有高文化会聚主义信念时,这一效应将会消失,也即消费者对采用属性解释策略和关系解释策略时的文化混搭产品的评价之间将不会存在显著差异。这不仅拓展了本书结论的普适性,更进一步丰富了现有关于文化混搭的研究。

其次,现有的文化混搭研究指出,人们有可能对文化混搭表现出两种不同的反应:一是排斥性反应,二是融合性反应。当人们感知母国文化的完整性与生命力受到外国文化的威胁或侵蚀时,就会产生文化保护心态,进而对文化混搭产生排斥性反应;而当人们将外国文化看作对母国文化的一种互补性的智力资源时,则会产生文化学习心态,进而对文化混搭产生融合性反应(Torelli et al.,2011)。从中可以看出,现有研究认为,人们对文化混搭是产生排斥性反应还是融合性反应,主要在于消费者是用一种文化保护的心态还是文化学习的心态看待文化混搭现象。这就是说,决定权主要是掌握在消费者的手中。而本书却指出,企业可以通过营销手段来引导消费者在面对文化混搭时,是产生一种文化保护的心态还是一种文化学习的心态。当企业在文化混搭产品的营销推广过程中,采用属性解释策略来强调母国文化元素具有了外国文化元素的某一或某些特征时,较易促发人们的文化保护心态;而采用关系解释策略来强调外国文化元素与母国文化元素之间存在的某种主题关系时,则较易引发人们的文化学习心态。

最后,本书丰富了现有的全球化的文化影响研究,深入揭示了在全球化的过程中,消费者对外国文化的进入产生排斥性反应的内在机理。前人的研究已经指出,在全球化的过程中,当人们将进入的外国文化看作一种威胁时,就会对其表现出一种排斥性反应;而当人们将其看作一种资源时,则会对其表现出一种融合性反应(Chiu et al., 2011)。然而,对于为什么人们会将进入的外国文化看作一种威胁而不是一种资源,其背后隐藏的内在机理是什么,现有研究却并未给出很好的解答。而本书指出,人们对进入的外国文化产生排斥性反应的内在机理是,消费者认识到进入的外国文化与母国文化之间存在着明显的差异,然后又感知到进入的外国文化"影响"或"改变"了母国文化,且对于这种"影响"或"改变",消费者是以一种负面的视角去看待的,认为它使母国文化的原有特征或面貌变得模糊、消失甚至是具有了外国文化的某一个或某些特征,从而使母国文化的完整性与生命力受到了威胁或破坏,进而促发了消费者的文化保护心态,最终导致他们对外国文化的进入产生排斥性反应。

三、管理启示

随着全球化的加速发展,文化混搭产品在市场上变得越来越普遍。此时,企业面临的一个关键问题就是如何提高消费者对文化混搭产品的接受程度。本书指出了在文化混搭产品的营销推广过程中,企业如何去解释混搭的外国文化元素与母国文化元素之间的关系会对消费者的文化混搭产品评价产生非常重要的影响。具体来说,本书可以为企业的文化混搭产品的营销推广提供以下实践启示。

首先,企业在文化混搭产品的营销推广当中,应当采用关系解释策略来表述混搭的外国文化元素与母国文化元素之间的关系,而不应采用属性解释策略来表述混搭的两种文化元素之间的关系。即只是强调混搭的外国文化元素与母国文化元素之间存在某种主题关系,以促进消费者以一种更加开放的、文化融合的心态去看待该文化混搭产品,而要避免突出母国文化元素具有了外国文化元素的某一或某些特征,因为这会引发消费者产生母国文化的完整性与生命力受到了外国文化的威胁的感知。例如,星巴克公司在推出"星巴克月饼"时,就应当采用关系解释策略来表述"星巴克"和"月饼"之间的关系,即主要强调"星巴克"只是作为"星巴克月饼"的生产商,而不应该采用属性解释策略来表述二者之间的关系,如"星巴克月饼是一款融合了星巴克咖啡味道的月饼"。此时,"月饼"就具有了"星巴克咖啡"的味道,就会让消费者产生"月饼"被"星巴克"改变了的感知,而这会引发消费者的文化入侵感知,进而会降低他们对"星巴克月饼"的评价。

其次,有些文化混搭产品可能会因为各种原因采用属性解释策略来表述混搭的外国文化元素与母国文化元素之间的关系,即强调母国文化元素具有了外国文化元素的某一或某些特征,此时,根据本书的研究结论可知,这很容易会引发消费者将文化混搭产品感知为对母国文化的一种威胁或侵蚀,进而对文化混搭产品产生排斥性反应。那么,面对这样的境况,企业又该如何应对呢?本书得出的结论可以为企业提供一些有用的建议,即当企业采用了属性解释策略来表述混搭的外国文化元素与母国文化元素之间的关系时,企业可以通过广告等方式来让消费者更多地去关注混搭的外国文化元素与母国文化元素之间的相似性,以降低消费者感知到的外国文化改变了母国文化的程度,削弱他们的文化入侵感知,进而提高他们对文化混搭产品的评价。例如,星巴克公司在中国推出"星巴克月饼"时,采用的就是属性解释策略来进行产品介绍,如浓缩咖啡玛奇朵风味的月饼,那么,企业在进行营销推广的过程中,就应该特别注意避免突出两者之间可能存在的差异性,而尽可能多地强调两者之间存在的共性或者相似之处。

最后,本书还指出,除了通过广告等方式来让消费者聚焦于混搭的外国文化元素和母国文化元素之间的差异性或相似性之外,企业还可以在营销传播过程中多向消费者传递一种文化会聚主义信念。虽然当采用属性解释策略来表述混搭的外国文化元素与母国文化元素之间的关系时,很容易引发消费者的外国文化元素"改变"了母国文化元素的感知,但是消费者如何看待这种"改变"会使他们对文化混搭产品产生明显不同的评价。根据本书研究可知,当消费者持有高文化会聚主义信念时,他们会认为文化之间的相互作用和相互影响是一种正常的文化现象,因而不太可能将外国文化元素对母国文化元素的这种"改变"感知为一种文化入侵,从而会提高他们对文化混搭产品的评价。这就提醒企业,在文化混搭产品的营销推广过程中,应当通过各种方式尽可能地向消费者传达类似的观念,如"不同的文化之间存在着许多的连接与联系"及"不同的民族和文化之间相互影响"等,以促使消费者用一种更加包容、开放的态度去看待不同文化之间的相互作用、相互影响及相互改变。

第三节 研究局限与未来展望

本书对企业不同文化混搭解释策略对消费者的文化混搭产品评价的影响进行了一次探索性的研究,并深入剖析了其中间作用机制。另外,本书还探讨了其可能存在的两个重要边界条件。对于这样一次全新的尝试,其中难免会存在一些不足与局限之处,有待在未来的研究中进行改进与进一步的探讨。

首先,在本书的四个实验当中,作为实验刺激物的文化混搭产品我们只采用了"自由女神剪纸"和"星巴克月饼"这两种产品,虽然其中也涉及诸如文化、艺术及食品等不同的产品类别,但整体而言,所覆盖的产品类别还不够广。对于其他类别的文化混搭产品来说,本书结论是否仍然成立,还有待进一步验证。另外,本书的实验对象主要局限于大学生群体,样本相对来说比较单一,未来研究可进一步拓展到其他群体,以增强现有研究结论的普适性。

其次,从本书的假设推断和变量操控可以看出,我们通过实验操控消费者的比较焦点,增强或削弱的是消费者感知到的混搭的外国文化元素与母国文化元素之间的差异性或相似性,而不是两种文化元素之间本身客观存在的差异性或相似性。本书指出,当促使个体聚焦于混搭的外国文化元素与母国文化元素之间的差异性上时,如果采用属性解释策略来表述混搭的外国文化元素与母国文化元素之间的关系,消费者对文化混搭产品的评价要明显低于采用关系解释策略来进行表述时;而当促使个体聚焦于混搭的两种文化元素之间的相似性上时,消费者对采用这两种不同的文化混搭解释策略的产品评价之间将不会存在明显的差异。那么,如果不是消费者主观感知到的差异性或相似性,而是混搭的两种文化元素之间本身在客观上就存在差异性或相似性时,是否还能得出同样的研究结论呢?本书并未对此进行探讨,在未来的研究中,可以进一步验证客观的文化距离或是文化差异是否会对企业的不同文化混搭解释策略效应产生调节作用。

最后,根据莫里斯等(Morris et al., 2015)及彭璐珞和赵娜(2015)

的研究可知,文化元素可以划分成三个不同的领域:一是物质性领域,主要包括日常生活中的物质元素;二是象征性领域,该领域中的事物一般为同一文化群体成员所共享的某类文化象征或符号,其含义远超过了其原本的实用性功能;三是神圣性领域,这一领域关乎同一文化群体成员所共享的世界观、宇宙观及人生意义、终极价值等。彭璐珞(2013)在研究中指出,人们对物质性领域的文化元素混搭的接受程度最高,象征性领域的接受程度次之,最难接受的是神圣性领域的文化元素混搭。而在本书中,实验刺激物里涉及的"自由女神剪纸"是神圣性领域(自由女神)和象征性领域(剪纸)内的文化元素混搭,而"星巴克月饼"则是物质性领域(星巴克)和象征性领域(月饼)内的文化元素混搭。如果实验刺激物换作物质性领域和物质性领域内的文化元素混搭,或象征性领域和象征性领域内的文化元素混搭,以及神圣性领域和神圣性领域内的文化元素混搭,本书的研究结论是否还能成立,需要未来研究作更进一步的检验。

参考文献

郭晓凌,谢毅,王彬,等,2019.文化混搭产品的消费者反应研究[J].管理科学,32(4):130-144.

侯玉波,张梦,2012.文化"动态建构"的理论和证据[J].西南大学学报(社会科学版),38(4):83-89.

金立印,邹德强,裘理瑾,2009.服务定制情境下选项的战略呈现:呈现框架对消费者选择的影响[J].南开管理评论,12(6):90-100.

李炳全,2006.文化心理学与跨文化心理学的比较与整合[J].心理科学进展,14(2):315-320.

刘英为,汪涛,聂春艳,等,2020.如何应用国家文化原型实现品牌的国际化传播——基于中国品牌海外社交媒体广告的多案例研究[J].管理世界(1):88-104.

聂春艳,汪涛,赵鹏,等,2018.解释框架对文化混搭产品评价的影响——比较焦点和解释策略的调节效应[J].心理学报,50(12):1438-1448.

彭璐珞,2013.理解消费者对文化混搭的态度:一个文化分域的视角[D].北京:北京大学.

彭璐珞,赵娜,2015.文化混搭的动理:混搭的反应方式、影响因素、心理后果及动态过程[J].中国社会心理学评论(9):19-62.

彭璐珞,郑晓莹,彭泗清,2017.文化混搭:研究现状与发展方向[J].心理科学进展,25(7):1240-1250.

汪涛,牟宇鹏,谢志鹏,2013.混合产品的概念内涵、认知机制与研究框架[J].研究与发展管理,25(3):83-91.

吴莹,2015.文化会聚主义与多元文化认同[J].中国社会心理学评论(9):117-153.

吴莹,杨宜音,赵志裕,2014.全球化背景下的文化排斥反应[J].心理科学进展,22(4):721-730.

杨莉萍,2003.从跨文化心理学到文化建构主义心理学[J].心理科学进展,11(2):220-266.

杨晓莉,刘力,张笑笑,2010.双文化个体的文化框架转换:影响因素与结果[J].心理科学与进展,18(5):840-848.

叶浩生,2004.多元文化论与跨文化心理学的发展[J].心理科学进展,12(1):144-151.

张黎,范亭亭,王文博,2007.降价表述方式与消费者感知的降价幅度和购买意愿[J].南开管理评论,10(3):19-28.

张阳阳,佐斌,2006.自尊的恐惧管理理论研究述评[J].心理科学进展,14(2):273-280.

周南,王殿文,2014.显著的植入式广告能带来更好的品牌态度吗——植入式广告显著性影响机制研究[J].南开管理评论,17(2):142-152.

邹智敏,江叶诗,2015.文化会聚主义:一种关系型的文化心理定式[J].中国社会心理学评论(9):63-96.

AAKER J, SCHMITT B, 2001. Culture-dependent assimilation and differentiation of the self[J]. Journal of Cross-Cultural Psychology, 32(5):561-576.

参考文献

ADLER P S, 1977. Beyond cultural identity: Reflections on multiculturalism [M]//BRISLIN R. Culture learning. Honolulu, HI: East-West Center Press, 24-41.

ALLPORT G W, 1961. Pattern and growth in personality [M]. New York: Holt.

ARNDT J, GREENBERG J, PYSZCZYNSKI T, et al., 1997. Subliminal exposure to deathrelated stimuli increases defense of the cultural worldview [J]. Psychological Science, 8(5): 379-385.

ARNDT J, GREENBERG J, SOLOMON S, et al., 1999. Creativity and terror management: Evidence that creative activity increases guilt and social projection following mortality salience [J]. Journal of Personality and Social Psychology, 77(1): 19-32.

BATESON G, 1972. Steps to an ecology of the mind [M]. New York: Ballantine.

BECKER E, 1973. The denial of death [M]. New York: Free Press.

BENET-MARTÍNEZ V, LEU J, LEE F, et al., 2002. Negotiating biculturalism: Cultural frame switching in biculturals with oppositional versus compatible cultural identities [J]. Journal of Cross-Cultural Psychology, 33(5): 492-516.

BERNARDO A B, ROSENTHAL L, LEVY S R, 2013. Polyculturalism and attitudes towards people from other countries [J]. International Journal of Intercultural Relations, 37(3): 335-344.

BETTENCOURT B A, CHARLTON K, KERNAHAN C, 1997. Numerical representation of groups in cooperative settings: Social orientation effects on ingroup bias[J]. Journal of Experimental Social Psychology, 33(6):630-659.

BOURHIS R Y, GILES H, 1977. The language of intergroup distinctiveness[M]//GILES H. Language, ethnicity and intergroup relations. New York:Academic Press,119-135.

BRANSCOMBE N R, ELLEMERS N, SPEARS R, et al., 1999. The context and content of social identity threat[M]//ELLEMERS N, SPEARS R, DOOSJE B. Social identity: Context, commitment, content. Oxford, England:Blackwell,35-58.

BRILEY D A, AAKER J L, 2006. When does culture matter? Effects of personal knowledge on the correction of culture-based judgments[J]. Journal of Marketing Research,43(3):395-408.

CACIOPPO T J, PETTY R E, 1982. The need for cognition[J]. Journal of Personality and Social Psychology,42(1):116-131.

Cai H, Yang J, Shi Y, et al., 2014. The brief implicit association test is valid:Experimental evidence[J]. Social Cognition,32(5):449-465.

CHANG C, 2005. The moderating influence of ad framing for ad-self-congruency effects[J]. Psychology & Marketing,22(12):955-968.

CHANG C, 2008. Ad framing effects for consumption products: an affect priming process[J]. Psychology & Marketing,25(1):24-46.

CHAO M M, HONG Y, CHIU C, 2013. Essentializing race: Its implications on racial categorization[J]. Journal of Personality and Social Psychology,104(4):619-634.

CHAO M M, KUNG F Y H, YAO D J D, 2015. Understanding the divergent effects of multicultural exposure[J]. International Journal of Intercultural Relations,47:78-88.

CHAO M M,ZHANG Z X,CHIU C,2009. Adherence to perceived norms across cultural boundaries: The role of need for cognitive closure and ingroup identification[J]. Group Processes & Intergroup Relations, 13 (1):69-89.

CHEN S F,MONROE K B,LOU Y C,1998. The effects of framing price promotion messages on consumers' perceptions and purchase intentions[J]. Journal of Retailing,74(3):353-372.

CHEN X,CHIU C Y,2010. Rural-urban differences in generation of Chinese and western exemplary persons: The case of China [J]. Asian Journal of Social Psychology,13(1):9-18.

CHEN X,LEUNG K Y,YANG D Y J,et al.,2016. Cultural threats in culturally mixed encounters hamper creative performance for individuals with lower openness to experience[J]. Journal of Cross-Cultural Psychology,47(10):1321-1334.

CHENG C Y, LEUNG K Y, 2012. Revisiting the Multicultural experience-creativity link: the effects of perceived cultural distance and comparison mind-set[J]. Social Psychological and Personality Science, 4 (4):475-482.

CHENG C Y,LEUNG K Y,WU T Y,2011. Going beyond the multicultural experience-creativity link: The mediating role of emotions [J]. Journal of Social Issues,67(4):806-824.

CHENG Y Y,2010. Social psychology of globalization: joint activation of cultures and reactions to foreign cultural influence[D]. America: University of Illinois at Urbana-Champaign, 1-53.

CHEON B K, CHRISTOPOULOS G I, HONG Y Y, 2016. Disgust associated with cultural mixing: Why and who[J]. Journal of Cross-Cultural Psychology, 47(10): 1268-1285.

CHIU C Y, CHENG S Y Y, 2007. Toward a social psychology of culture and globalization: Some social cognitive consequences of activating two cultures simultaneously[J]. Social and Personality Psychology Compass, 1(1): 84-100.

CHIU C Y, GRIES P, TORELLI C J, et al., 2011. Toward a social psychology of globalization[J]. Journal of Social Issues, 67(4): 663-676.

CHIU C Y, HONG Y Y, 2006. Social psychology of culture [M]. New York: Psychology Press.

CHIU C Y, HONG Y Y, 2007. Cultural Processes: Basic principles[M]// HIGGINS E T, KRUGLANSKI A E. Social Psychology: Handbook of basic principles. New York: Guilford, 783-804.

CHIU C Y, LEUNG K Y, KWAN L, 2007. Language, cognition, and culture: Beyond the Whorfian Hypothesis [M]//KITAYAMA S, COHEN D. Handbook of cultural psychology. New York: Guilford Press, 668-689.

CHIU C Y, MALLORIE L, KEH H T, et al., 2009. Perceptions of culture in multicultural space: Joint presentation of images from two cultures increases in-group attribution of culture-typical characteristics [J]. Journal of Cross-Cultural Psychology, 40(2): 282-300.

参考文献

CHIU C Y, MORRIS M, HONG Y, et al., 2000. Motivated cultural cognition: The impact of implicit cultural theories on dispositional attribution varies as a function of need for closure[J]. Journal of Personality and Social Psychology, 78(2):247-259.

CHO J, MORRIS M W, SLEPIAN M L, et al., 2017. Choosing fusion: The effects of diversity ideologies on preference for culturally mixed experiences[J]. Journal of Experimental Social Psychology, 69:163-171.

CHONG D, DRUCKMAN J N, 2007. A theory of framing and opinion formation in competitive elite environments[J]. Journal of Communication, 57(1):99-118.

CUI N, XU L, WANG T, et al., 2016. How does framing strategy affect evaluation of culturally mixed products? The self-other asymmetry effect[J]. Journal of Cross-Cultural Psychology, 47(10):1307-1320.

DOYLE M W, 1997. Ways of war and peace[M]. New York: W. W. Norton.

ENTMAN R M, 1993. Framing: Toward Clarification of a Fractured Paradigm[J]. Journal of Communication, 43(4):51-58.

FEIST G J, 1998. A meta-analysis of the impact of personality on scientific and artistic creativity[J]. Personality and Social Psychological Review, 2(4):290-309.

FEIST G J, BRADY T R, 2004. Openness to experience, non-conformity, and the preference for abstract art[J]. Empirical Studies of the Arts, 22(1):77-89.

FINKE R A, WARD T B, SMITH S M, 1992. Creative cognition: Theory, research and applications[M]. Cambridge, MA: MIT Press.

FU H J, CHIU C Y, 2007. Local culture's responses to globalization: Exemplary persons and their attendant values[J]. Journal of Cross-Cultural Psychology, 38(5): 636-653.

FU H Y, ZHANG Z X, LI F, et al., 2016. Opening the mind: Effect of culture mixing on acceptance of organizational change [J]. Journal of Cross-Cultural Psychology, 47(10): 1361-1372.

GAMSON W A, MODIGLIANI A, 1987. The changing culture of affirmative action[J]. Research in Political Sociology, 3: 137-177.

GAMSON W A, MODIGLIANI A, 1989. Media discourse and public opinion on nuclear power: A constructionist approach [J]. American Journal of Sociology, 95(1): 1-37.

GANZACH Y, KARSAHI N, 1995. Message framing and buying behavior: A field experiment[J]. Journal of Business Research, 32(1): 11-17.

GELMAN S A, HIRSCHFELD L A, 1999. How biological is essentialism [M]//MEDIN D L, ATRAN S. Folkbiology. Cambridge, MA: The MIT Press, 403-446.

GIBBERT M, MAZURSKY D, 2009. How successful would a phone-pillow be: Using dual process theory to predict the success of hybrids involving dissimilar products [J]. Journal of Consumer Psychology, 19(4): 652-660.

GIDDENS A, 1985. The nation state and violence[M]. Cambridge: Polity Press.

GOFFMAN E, 1974. Frame analysis: An essay on the organization of experience[M]. New York: Harper & Row.

GREENBERG J, PORTEUS J, SIMON L, et al., 1995. Evidence of a terror management function of cultural icons: The effects of mortality salience on the inappropriate use of cherished cultural symbols[J]. Personality and Social Psychology Bulletin, 21(11): 1221-1228.

GREENBERG J, PYSZCZYNSKI T, SOLOMON S, et al., 1990. Evidence for terror management theory II: The effects of mortality salience on reactions to those who threaten and bolster the cultural worldview[J]. Journal of Personality and Social Psychology, 58(2): 308-318.

GREENBERG J, SOLOMON S, PYSZCZYNSKI T, 1997. Terror management theory of self-esteem and cultural worldviews: Empirical assessments and conceptual refinements[M]//ZANNA M. Advances in experimental social psychology. New York: Academic Press, 61-139.

GREENBERG J, SOLOMON S, PYSZCZYNSKI T, et al., 1992. Assessing the terror management analysis of self-esteem: Converging evidence of an anxiety buffer function[J]. Journal of Personality and Social Psychology, 63: 913-922.

IIAN G, WANG X L, 2012. Understanding "Made in China": Valence framing and product-country image[J]. Journalism & Mass Communication Quarterly, 89(2): 225-243.

HAN G, WANG X L, 2015. From product-country image to national image: "Made in China" and integrated valence framing effects[J]. International Journal of Strategic Communication, 9(1): 62-77.

HAO J, LI D M, PENG L L, et al., 2016. Advancing our understanding of culture mixing [J]. Journal of Cross-Cultural Psychology, 47 (10) : 1257-1267.

HARUSH R, LISAK A, EREZ M, 2016. Extending the global acculturation model to untangle the culture mixing puzzle [J]. Journal of Cross-Cultural Psychology, 47(10):1395-1408.

HAYES A F, 2013. An introduction to mediation, moderation, and conditional process analysis: A regression based approach [M]. New York: Guilford Press.

HE J X, WANG C L, 2017. How global brands incorporating local cultural elements increase consumer purchase likelihood: An empirical study in China[J]. International Marketing Review, 34(4):463-479.

HEATON A W, KRUGLANSKI A W, 1991. Person perception by introverts and extroverts under time pressure: Need for closure effects [J]. Personality and Social Psychology Bulletin, 17(2):161-165.

HEINE S J, LEHMAN D R, IDE E, et al., 2001. Divergent consequences of success and failure in Japan and North America: An investigation of self-improving motivations and malleable selves [J]. Journal of Personality and Social Psychology, 81(4):599-615.

HOFSTEDE G, 1984. Culture's consequences : International differences in work-related values[M]. London: Sage Publications.

HOMBURG C, KOSCHATE N, TOTZEK D, 2010. How price increases affect future purchases: The role of mental budgeting, income, and framin[J]. Psychology & Marketing, 27(1):36-53.

HOMER P M, YOON S G, 1992. Message framing and the interrelationships among ad-based feelings, affect and cognition[J]. Journal of Advertising, 21(1):19-33.

HONG H J, 2010. Bicultural competence and its impact on team effectiveness[J]. International Journal of Cross Cultural Management, 10(1):93-120.

HONG Y Y, BEBET-MARTÍNEZ V, CHIU C Y, et al., 2003. Boundaries of cultural influence: Construct activation as a mechanism for cultural differences in social perception[J]. Journal of Cross-Cultural Psychology, 34(4):453-464.

HONG Y Y, MORRIS M W, CHIU C Y, et al., 2000. Multicultural minds: A dynamic approach to culture and cognition[J]. American Psychologist, 55(7):709-720.

HONG Y, WAN C, NO S, et al., 2007. Multicultural identities[M]// KITAYAMA S, COHEN D. Handbook of cultural psychology. New York: Guilford Press, 323-346.

ISLAM M R, HEWSTONE M, 1993. Intergroup attributions and affective consequences in majority and minority groups[J]. Journal of Personality and Social Psychology, 64(64):936-950.

JETTEN J, POSTMES T, MCAULIFFE B, 2002. We're all individuals: Group norms of individualism and collectivism, levels of identification and identity threat[J]. European Journal of Social Psychology, 32(2):189-207.

JIA L, KARPEN S C, HIRT E R, 2011. Beyond anti-Muslim sentiment:

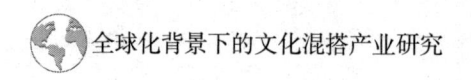

Opposing the Ground Zero mosque as a means to pursuing a strong America[J]. Psychological Science,22(10):1327-1335.

JOST J T,GLASER J,KRUGLANSKI A W,et al.,2003. Political conservatism as motivated social cognition [J]. Psychological Bulletin, 129(3):339 -375.

KAHNEMAN D,TVERSKY A,1979. Prospect theory: An analysis of decision under risk[J]. Econometrica,47(2):263-291.

KAHNEMAN D, TVERSKY A, 1984. Choices, values, and frames [J]. American Psychologist,39:341-350.

KASHIMA E S,HALLORAN M,YUKI M,et al.,2004. The effects of personal and collective mortality salience on individualism: Comparing Australians and Japanese with higher and lover self-esteem[J]. Journal of Experimental Social Psychology,40(3):384-392.

KEERSMAECKER J D,ASSCHE J V,ROETS A,2016. Need for closure effects on affective and cognitive responses to culture fusion[J]. Journal of Cross-Cultural Psychology,47(10):1294-1306.

KEH H T,TORELLI C J,CHIU C Y,et al.,2016. Integrative responses to culture mixing in brand name translations:The roles of product self-expressiveness and self-relevance of values among bicultural Chinese consumers[J]. Journal of Cross-Cultural Psychology, 47(10): 1345-1360.

KELLER J,2005. In genes we trust:The biological component of psychological essentialism and its relationship to mechanisms of motivated social cognition[J]. Journal of Personality and Social Psychology,88(4):

686-702.

KRUGLANSKI A W, 1989. Lay epistemics and human knowledge: Cognitive and motivational bases[M]. New York: Plenum Press.

KRUGLANSKI A W, PIERRO A, HIGGINS E T, et al., 2007. "On the move" or "staying put": Locomotion, need for closure, and reactions to organizational change [J]. Journal of Applied Social Psychology, 37 (6): 1305-1340.

KRUGLANSKI A W, WEBSTER D M, 1996. Motivated closing of the mind: "Seizing" and "freezing" [J]. Psychological Review, 103 (2): 263-283.

KRUGLANSKI A W, WEBSTER D M, KLEM A, 1993. Motivated resistance and openness to persuasion in the presence or absence of prior information[J]. Journal of Personality and Social Psychology, 65(5): 861-876.

KWAN Y Y, LI D, 2016. The exception effect: How shopping experiences with local status brands shapes reactions to culture-mixed products [J]. Journal of Cross-Cultural Psychology, 47(10): 1373-1379.

LEE A Y, LABROO A A, 2004. The effect of conceptual and perceptual fluency on brand evaluation [J]. Journal of Marketing Research, 41 (2): 151-165.

LEHMAN D, CHIU C, SCHALLER M, 2004. Culture and psychology[J]. Annual Review of Psychology, 55: 689-714.

LEUNG K Y, CHIU C Y, 2010. Multicultural experience, idea receptiveness, and creativity[J]. Journal of Cross-Cultural Psychology, 41(5):

723-741.

LEUNG K Y, CHIU C Y, HONG Y Y, 2010. Cultural processes: A social psychological perspective[M]. New York: Cambridge University Press.

LEUNG K Y, MADDUX W W, GALINSKY A D, et al., 2008. Multicultural experience enhances creativity: The when and how[J]. American Psychologist, 63(3): 169-181.

LEUNG K Y, QIU L, CHIU C Y, 2014. The psychological science of globalization[M]//HONG Y Y, BENET-MARTÍNEZ V. Oxford handbook of multicultural identity: Basic and applied perspectives. Oxford, UK: Oxford University Press, 181-201.

LEVIN I P, GAETH G J, 1998. How consumers are affected by the framing of attribute information before and after consuming the product[J]. Journal of Consumer Research, 15(3): 374-378.

LI D M, KREUZBAUER R, CHIU C Y, 2013. Globalization and exclusionary responses to foreign brands[M]//NG S, ANGELA Y L. Handbook of culture and consumer behavior. New York: Oxford University Press, 203-232.

MAASS A, KARASAWA M, POLITI F, et al., 2006. Do verbs and adjectives play different roles in different cultures? A cross-linguistic analysis of person representation[J]. Journal of Personality & Social Psychology, 90(5): 734-750.

MARTIN L, SHAO B, 2016. Early immersive culture mixing: The key to understanding cognitive and identity differences among multiculturals[J]. Journal of Cross-Cultural Psychology, 47(10): 1409-1429.

MCGREGOR H, LIEBERMAN J D, SOLOMON S, et al., 1998. Terror management and aggression: Evidence that mortality salience motivates aggression against worldview threatening others[J]. Journal of Personality and Social Psychology, 74(3):590-605.

MORRIS M W, CHIU C Y, LIU Z, 2015. Polycultural Psychology[J]. Annual Review of Psychology, 66(1):631-659.

MORRIS M W, MOK A, MOR S, 2011. Cultural identity threat: The role of cultural identifications in moderating closure responses to foreign cultural inflow[J]. Journal of Social Issues, 67(4):760-773.

MUSSWEILER T, DAMISCH L, 2008. Going back to Donald: How comparisons shape judgmental priming effects[J]. Journal of Personality and Social Psychology, 95(6):1295-1315.

NELSON T E, CLAWSON R A, OXLEY Z M, 1997. Media framing of a civil liberties conflict and its effect on tolerance[J]. The American Political Science Review, 91(3):567-583.

NELSON T E, KINDER D R, 1996. Issue framing and group-centrism in American public opinion[J]. Journal of Politics, 58(4):1055-1078.

OREHEK E, DOSSJE B, KRUGLANSKI A W, et al., 2010. Need for closure and the social response to terrorism[J]. Basic and Applied Social Psychology, 32(4):279-290.

OTTEN S, MUMMENDEY A, BLANZ M, 1996. Intergroup discrimination in positive and negative outcome allocations: Impact of stimulus valence, relative group status, and relative group size[J]. Personality and Social Psychology Bulletin, 22(6):568-581.

PAN Z, KOSICKI G M, 1993. Framing analysis: An approach to news discourse[J]. Political Communication, 10(1):55-75.

PARK C W, JUN S Y, MACINNIS D J, 2000. Choosing what I want versus rejecting what I do not want: An application of decision framing to product option choice decisions[J]. Journal of Marketing Research, 37 (2):187-202.

PENG L L, XIE T, 2016. Making similarity versus difference comparison affects perceptions after bicultural exposure and consumer reactions to culturally mixed products[J]. Journal of Cross-Cultural Psychology, 47 (10):1380-1394.

PLAKS J E, MALAHY L W, SEDLINS M, et al., 2012. Folk beliefs about human genetic variation predict discrete versus continuous racial categorization and evaluative bias[J]. Social Psychological and Personality Science, 3(1):31-39.

PRASHAD V, 2009. On commitment: Considerations on political activism on a shocked planet [M]//SKUBIKOWSKI K M, WRIGHT C, GRAF R. Social justice education: Inviting faculty to transform their institutions. Sterling, VA. :Stylus.

PREACHER K J, RUCKER D D, HAYES A F, 2007. Assessing moderated mediation hypotheses: theory, methods, and prescriptions[J]. Multivariate Behavioral Research, 42:185-227.

RAJAGOPAL P, BURNKRANT R E, 2009. Consumer evaluations of hybrid products[J]. Journal of Consumer Research, 36(2):232-241.

REBER R, SCHWARZ N, WINKIELMAN P, 2004. Processing fluency

and aesthetic pleasure: Is beauty in the perceiver's processing experience[J]. Personality and Social Psychology Review,8(4):364-382.

ROSENBLATT A,GREENBERG J,SOLOMON S,et al.,1989. Evidence for terror management theory I: The effects of mortality salience on reactions to those who violate or uphold cultural values[J]. Journal of Personality and Social Psychology,57(4):681-690.

ROSENTHAL L,LEVY S R,2012. The relation between polyculturalism and intergroup attitudes among racially and ethnically diverse adults[J]. Cultural Diversity & Ethnic Minority Psychology,18(1):1-16.

ROSENTHAL L,LEVY S R,KATSER M,et al.,2015. Polyculturalism and attitudes toward Muslim Americans[J]. Peace and Conflict: Journal of Peace Psychology,21(4):535-545.

ROUSSEAU D L,GARCIA-RETAMERO R,2007. Identity, power and threat perception: A cross-national experimental study[J]. Journal of Conflict Resolution,51(5):744-771.

ROZIN P,HAIDT L,FINCHER K,2009. From oral to moral[J]. Science,323(5918):1179-1180.

ROZIN P,LOWERY L,IMADA S,et al.,1999. The CAD triad hypothesis: A mapping between three moral emotions (contempt, anger, disgust) and three moral codes (community, autonomy, divinity)[J]. Journal of Personality and Social Psychology,76(4):574-586.

RYAN C S,CASAS J F,THOMPSON B K,2010. Interethnic ideology, intergroup perceptions, and cultural orientation[J]. Journal of Social Issues,66(1):29-44.

SCHEUFELE D A,TEWKSBURY D,2007. Framing,agenda setting,and priming: The evolution of three media effects models[J]. Journal of Communication,57(1):9-20.

SCHMEICHEL B J,MARTENS A,2005. Self-affirmation and mortality salience: Affirming values reduces worldview defense and death-thought accessibility[J]. Personality and Social Psychology Bulletin,31(5):658-667.

SCHON D A,REIN M,1994. Frame reflection: Toward the resolution of intractable policy controversies[M]. New York:Basic Books.

SCHWARTZ S H,1999. A theory of cultural values and some implications for work[J]. Applied Psychology: An International Review,48(1):23-47.

SHANKARMAHESH M N,2006. Consumer ethnocentrism: An integrative review of its antecedents and consequences[J]. International Marketing Review,23(2):146-172.

SHAVITT S,SWAN S,LOWREY T M,et al.,1994. The interaction of endorser attractiveness and involvement in persuasion depends on the goal that guides message processing[J]. Journal of Consumer Psychology,3(2):137-162.

SHI Y,SHI J,LUO Y L L,et al.,2016. Understanding exclusionary reactions toward a foreign culture: The influence of intrusive cultural mixing on implicit intergroup bias[J]. Journal of Cross-Cultural Psychology,47(10):1335-1344.

SHOEMAKER P J,REESE S D,1996. Mediating the message: Theories of influences on mass media content[M]. 2nd ed. White Plains, NY: Longman.

SMITH G E, 1996. Framing in advertising and the moderating impact of consumer education[J]. Journal of Advertising Research, 36(5):49-64.

STRACHMAN A, SCHIMEL J, 2006. Terror management and close relationships: Evidence that mortality salience reduces commitment among partners with different worldviews[J]. Journal of Social and Personal Relationships, 23(6):965-978.

SUEDFELD P, TETLOCK P E, STREUFERT S, 1992. Conceptual/integrative complexity[M]//SMITH C P, ATKINSON J W, MCCLELLAND D C, et al. Motivation and personality: Handbook of thematic content analysis. New York: Cambridge University Press, 393-400.

SUI J, ZHU Y, CHIU C Y, 2007. Bicultural mind, self-construal, and recognition memory: Cultural priming effects on self-reference and mother-reference effect[J]. Journal of Experimental Social Psychology, 43(5):818-824.

SUJA M, BETTMAN J, 1989. The effects of brand positioning strategies on consumers' brand and category perceptions: Some insights from schema research[J]. Journal of Marketing Research, 26(4):454-467.

TADMOR C T, HONG Y Y, CHAO M M, et al., 2012. Multicultural experiences reduce intergroup bias through epistemic unfreezing[J]. Journal of Personality and Social Psychology, 103(5):750-772.

TADMOR C T, TETLOCK P E, PENG K, 2009. Acculturation strategies and cognitive complexity[J]. Journal of Cross-Cultural Psychology, 40(1):105-139.

TAJFEL H, 1974. Social identity and intergroup behaviour[J]. Social Science Information, 13(13):65-93.

TAJFEL H, 1978. Differentiation Between Social Group[M]. London: Academic Press.

TAJFEL H, 1982. Social psychology of intergroup relations[J]. Annual Review of Psychology, 33(1):1-39.

TAJFEL H, TURNER J C, 1979. An integrative theory of intergroup conflict[M]//WORCHEL S, AUSTIN W G. The social psychology of intergroup relations. Monterey, CA: Brooks/Cole, 33-47.

TONG Y, HUI P, KWAN L, et al., 2011. National feelings or rational dealings? The role of procedural priming on the perceptions of cross-border acquisitions[J]. Journal of Social Issues, 67(4):743-759.

TONGEREN D R V, GREEN J D, 2010. Combating meaninglessness: On the automatic defense of meaning[J]. Personality and Social Psychology Bulletin, 36(10):1372-1384.

TORELLI C J, AHLUWALIA R, 2012. Extending culturally symbolic brands: A blessing or a curse[J]. Journal of Consumer Research, 38(5):933-947.

TORELLI C J, CHIU C Y, TAM K P, et al., 2011. Exclusionary reactions to foreign cultures: Effects of simultaneous exposure to cultures in globalized space[J]. Journal of Social Issues, 67(4):716-742.

TORELLI C J, ÖZSOMER A, CARVALHO S W, et al., 2012. Brand concepts as representations of human values: Do cultural congruity and compatibility between values matter[J]. Journal of Marketing, 76(4): 92-108.

TURNER J C, 1981. The experimental social psychology of intergroup behaviour[M]//TURNER J C, GILES H. Intergroup behaviour. Oxford: Blackwell, 66-101.

TVERSKY A, KAHNEMAN D, 1981. The framing of decisions and the psychology of choice[J]. Science, 211(4481): 453-458.

TYBUR J M, LIEBERMAN D, KURZBAN R, et al., 2013. Disgust: Evolved function and structure[J]. Psychological Review, 120(1): 65-84.

VREESE C D, 2005. News framing: Theory and typology[J]. Information Design Journal, 13(1): 51-62.

WAN C, CHIU C Y, TAM K P, et al., 2007. Perceived cultural importance and actual self-importance of values in cultural identification [J]. Journal of Personality & Social Psychology, 92(2): 337-354.

WAN C, TORELLI C J, CHIU C Y, 2010. Intersubjective consensus and the maintenance of normative shared reality[J]. Social Cognition, 28(3): 422-446.

WARD T B, SMITH S M, VAID J, 1997. Conceptual structures and processes in creative thought[M]//WARD T B, SMITH S M, VAID J. Creative thought: An investigation of conceptual structures and processes. Washington, DC: American Psychological Association Books, 1-27.

WEBER E U, MORRIS M W, 2010. Culture and judgment and decision making: The constructivist turn[J]. Psychological Science, 5(4): 410–419.

WEBSTER D M, KRUGLANSKI A W, 1994. Individual differences in need for cognitive closure[J]. Journal of Personality and Social Psychology, 67(6): 1049–1062.

WISNIEWSKI E J, 1996. Construal and similarity in conceptual combination[J]. Journal of Memory and Language, 35(3): 434–453.

WISNIEWSKI E J, LOVE B C, 1998. Relations versus properties in conceptual combination [J]. Journal of Memory and Language, 38(2): 177–202.

WONG R Y, HONG Y, 2005. Dynamic influences of culture on cooperation in the prisoner's dilemma[J]. Psychological Science, 16(6): 429–434.

WU Y, YANG Y Y, CHIU C Y, 2014. Responses to religious norm defection: The case of Hui Chinese Muslims not following the halal diet[J]. International Journal of Intercultural Relations, 39: 1–8.

YANG Y J, CHEN X, XU J, et al., 2016. Cultural symbolism and spatial separation: Some ways to deactivate exclusionary responses to culture mixing[J]. Journal of Cross-Cultural Psychology, 47(10): 1286–1293.

YANG Y J, 2011. Clashes of civilizations: Critical conditions for evocation of hostile attitude toward foreign intrusion of cultural space[D]. America: University of Illinois at Urbana-Champaign, 1–47.

ZHANG J, 2010. The persuasiveness of individualistic and collectivistic advertising appeals among Chinese generation X consumers[J]. Journal of Advertising, 39(3):69-80.

ZHANG S, SCHMITT B H, 2001. Creating local brands in multilingual international markets[J]. Journal of Marketing Research, 38(3):313-325.

ZHAO X, LYNCH J G, CHEN Q, 2010. Reconsidering baron and kenny: Myths and truths about mediation analysis [J]. Journal of Consumer Research, 37(2):197-206.

附 录

附录A 实验一、实验二问卷

新产品调查

跨国公司经常针对中国市场推出一些新产品,以下是这个新产品的图片及简要介绍。请仔细观看和阅读,然后回答问题。

属性解释策略:自由女神剪纸是一款融合了自由女神特征的剪纸。

关系解释策略:自由女神剪纸是一款剪成了自由女神式样的剪纸。

1. 产品评价。请选择最能描述你对这个产品的感觉的数字,在上面打√。

好的	4	3	2	1	0	-1	-2	-3	-4	差的
受欢迎的	4	3	2	1	0	-1	-2	-3	-4	不受欢迎的
喜欢的	4	3	2	1	0	-1	-2	-3	-4	不喜欢的

2. 文化入侵感知。请用√标注你对以下陈述的认同度。

我认为这个新产品代表着	非常不同意	不同意	有点不同意	中立	有点同意	同意	非常同意
美国文化对中国传统的一种侵蚀	1	2	3	4	5	6	7
美国文化对中国文化的一种入侵	1	2	3	4	5	6	7

3. 文化象征评价。请用√标注你对以下陈述的认同度。

观点	非常不同意	不同意	有点不同意	中立	有点同意	同意	非常同意
剪纸涉及中国文化	1	2	3	4	5	6	7
剪纸是中国文化的一个符号	1	2	3	4	5	6	7

续表

观点	非常不同意	不同意	有点不同意	中立	有点同意	同意	非常同意
剪纸体现了中国的价值观	1	2	3	4	5	6	7
剪纸是中国文化的一个象征	1	2	3	4	5	6	7
自由女神涉及美国文化	1	2	3	4	5	6	7
自由女神是美国文化的一个符号	1	2	3	4	5	6	7
自由女神体现了美国的价值观	1	2	3	4	5	6	7
自由女神是美国文化的一个象征	1	2	3	4	5	6	7

4. 文化认同评价。请用√标注你对以下陈述的认同度。

观点	非常不同意	不同意	有点不同意	中立	有点同意	同意	非常同意
身为中国人对我很重要	1	2	3	4	5	6	7
我认同中国文化	1	2	3	4	5	6	7

续表

观点	非常不同意	不同意	有点不同意	中立	有点同意	同意	非常同意
身为中国人让我很自豪	1	2	3	4	5	6	7
我属于中国文化	1	2	3	4	5	6	7
我喜欢中国文化	1	2	3	4	5	6	7
我认同美国文化	1	2	3	4	5	6	7
我属于美国文化	1	2	3	4	5	6	7
我喜欢美国文化	1	2	3	4	5	6	7

5. 产品创意评价。请用√标注你对以下陈述的认同度。

观点	非常不同意	不同意	有点不同意	中立	有点同意	同意	非常同意
这个产品非常有创意	1	2	3	4	5	6	7
这个产品对我来说很新奇	1	2	3	4	5	6	7

6. 个人信息。请如实填写你的基本信息。

(1)你的性别(请在相应的选项前打√)：□男性　　　□女性

(2)你的年龄：_____岁

附录B 实验三问卷

一、观察与理解

1. 请仔细对比以下两幅图,然后写出它们之间的相似和不同之处(至少写出5处)。

_____
_____
_____
_____

2. 请对以下四组对象之间的相似性作出评价,在相应的数字上打√。

(1)鲸鱼和海豚

非常不同	1	2	3	4	5	6	7	非常相似

(2)白酒和红酒

| 非常不同 | 1 | 2 | 3 | 4 | 5 | 6 | 7 | 非常相似 |

(3)自行车和摩托车

| 非常不同 | 1 | 2 | 3 | 4 | 5 | 6 | 7 | 非常相似 |

(4)水蜜桃和油桃

| 非常不同 | 1 | 2 | 3 | 4 | 5 | 6 | 7 | 非常相似 |

二、新产品调查

跨国公司经常针对中国市场推出一些新产品,以下是这个新产品的图片及简要介绍。请仔细观看和阅读,然后回答问题。

属性解释策略:星巴克月饼是一款融合星巴克咖啡味道的月饼。

关系解释策略:星巴克月饼是一款星巴克咖啡公司制作的月饼。

1. 产品评价。请选择最能描述你对这个产品的感觉的数字,在上面打√。

好的	4	3	2	1	0	-1	-2	-3	-4	差的
受欢迎的	4	3	2	1	0	-1	-2	-3	-4	不受欢迎的
喜欢的	4	3	2	1	0	-1	-2	-3	-4	不喜欢的

2. 文化入侵感知。请用√标注你对以下陈述的认同度。

我认为这个新产品代表着	非常不同意	不同意	有点不同意	中立	有点同意	同意	非常同意
美国文化对中国传统的一种侵蚀	1	2	3	4	5	6	7
美国文化对中国文化的一种入侵	1	2	3	4	5	6	7

3. 文化象征评价。请用√标注你对以下陈述的认同度。

观点	非常不同意	不同意	有点不同意	中立	有点同意	同意	非常同意
月饼涉及中国文化	1	2	3	4	5	6	7
月饼是中国文化的一个符号	1	2	3	4	5	6	7

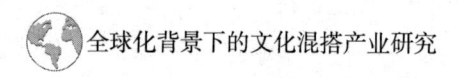

续表

观点	非常不同意	不同意	有点不同意	中立	有点同意	同意	非常同意
月饼体现了中国的价值观	1	2	3	4	5	6	7
月饼是中国文化的一个象征	1	2	3	4	5	6	7
星巴克涉及美国文化	1	2	3	4	5	6	7
星巴克是美国文化的一个符号	1	2	3	4	5	6	7
星巴克体现了美国的价值观	1	2	3	4	5	6	7
星巴克是美国文化的一个象征	1	2	3	4	5	6	7

4. 个人信息。请如实填写你的基本信息。

(1)你的性别(请在相应的选项前打√):□男性　　□女性

(2)你的年龄:_____岁。

附录C 实验四问卷

一、阅读与理解

以下是《社会科学》杂志中最近刊登的一篇文章节选,请仔细阅读该文章,然后回答问题。

社会

人类与文化

不同文化群体之间通过接触和互动不断相互影响着彼此的传统和观点。正是通过这种跨文化之间的交流,使文化处于动态的变化及演进当中。

威廉·希尔顿

(文化会聚主义信念启动组)

科学

氮气的来源

科学界普遍认为地球上植物所吸收的氮都来自大气。但一项美国最新研究指出,自然生态系统中高达26%的氮来源于岩石,其余的则来自大气。

威廉·希尔顿

(控制组)

请你对这篇文章的主题作出概括和总结,并写出文中提到的三个主要的研究发现。

_____

_____

_____

_____

二、新产品调查

跨国公司经常针对中国市场推出一些新产品,以下是这个新产品的图片及简要介绍。请仔细观看和阅读,然后回答问题。

属性解释策略:星巴克月饼是一款融合星巴克咖啡味道的月饼。

关系解释策略:星巴克月饼是一款星巴克咖啡公司制作的月饼。

1. 产品评价。请选择最能描述你对这个产品的感觉的数字,在上面打√。

好的	4	3	2	1	0	-1	-2	-3	-4	差的
受欢迎的	4	3	2	1	0	-1	-2	-3	-4	不受欢迎的
喜欢的	4	3	2	1	0	-1	-2	-3	-4	不喜欢的

2. 文化入侵感知。请用√标注你对以下陈述的认同度。

我认为这个新产品代表着	非常不同意	不同意	有点不同意	中立	有点同意	同意	非常同意
美国文化对中国传统的一种侵蚀	1	2	3	4	5	6	7
美国文化对中国文化的一种入侵	1	2	3	4	5	6	7

3. 文化象征评价。请用√标注你对以下陈述的认同度。

观点	非常不同意	不同意	有点不同意	中立	有点同意	同意	非常同意
月饼涉及中国文化	1	2	3	4	5	6	7
月饼是中国文化的一个符号	1	2	3	4	5	6	7

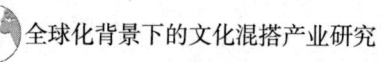

续表

观点	非常不同意	不同意	有点不同意	中立	有点同意	同意	非常同意
月饼体现了中国的价值观	1	2	3	4	5	6	7
月饼是中国文化的一个象征	1	2	3	4	5	6	7
星巴克涉及美国文化	1	2	3	4	5	6	7
星巴克是美国文化的一个符号	1	2	3	4	5	6	7
星巴克体现了美国的价值观	1	2	3	4	5	6	7
星巴克是美国文化的一个象征	1	2	3	4	5	6	7

4. 文化会聚主义信念。请用√标注你对以下陈述的认同度。

观点	非常不同意	不同意	有点不同意	中立	有点同意	同意	非常同意
不同文化群体之间相互影响,即使群体成员没有完全意识到这种影响	1	2	3	4	5	6	7

续表

观点	非常不同意	不同意	有点不同意	中立	有点同意	同意	非常同意
尽管不同群体之间有一些明确的区分特征,但他们之间的相互接触与互动使他们以一种不太明显的方式相互影响	1	2	3	4	5	6	7
不同的文化之间存在着许多联系	1	2	3	4	5	6	7
不同文化的群体会共享一些传统和观点,因为这些群体在某种程度上相互影响	1	2	3	4	5	6	7
不同的民族、文化之间相互影响	1	2	3	4	5	6	7

5. 个人信息。请如实填写你的基本信息。

(1)你的性别(请在相应的选项前打√):□男性　　□女性

(2)你的年龄:＿＿＿＿＿＿岁。